KB162586

수출 인문학

지구 **60**바퀴를 돌며 발로 뛴

글로벌 비즈니스 비망록

(주)필디앤씨 / 한국무역신문사

수출인문학

지구 60바퀴를 돌며 발로 뛴 글로벌 비즈니스 비망록

지은이 : 정병도
펴낸이 : 김석경
펴낸곳 : (주)필디앤씨
주　소 : 서울 강남구 영동대로 513 코엑스 4층
전　화 : 02-6000-3124

초판 인쇄 : 2022. 12. 15
가　격 : 15,000원

ISBN : 979-11-967976-9-0

전 세계적으로 유행한 코로나19로 인하여 출장도 갈 수 없고 향후 경기 침체가 예상되어 답답하고 어두운 상황에서, 지난날들을 정리해보자고 원고를 쓰기 시작했다. 최근의 폭등하는 환율은 수출자에게는 달콤한 과실 같겠지만, 전 세계 경기가 둔화하는 상황에서 수입 바이어들도 가격상승과 판매저하로 힘겨워하기에 고환율 효과가 잘 나타나지 않는다.

이번 원고를 통하여 오랜만에 어린 시절도 끌어내 보고 청년기도 살펴보았다. 또한, 필자에게 많은 도움을 주신 분들을 잊지 않고 기억하여 글로 남긴 것을 매우 가치 있게 생각한다.

지구 60바퀴를 돌 정도로 해외 곳곳을 다니면서 많은 것들을 배웠다는 생각이 든다. 대학 졸업 후 홍콩을 시작으로 바이어가 있을 법한 나라들마다 냇가에서 고기 잡듯이 열심히 모든 돌을 들추어 보았다고 생각한다. 설령 그 돌 밑에 고기가 없어도 무조건 샅샅이 뒤져 보았다. 특히 중남미, 아프리카, 아시아 시장은 몇 번이고 뒤져서 송사리라도 잡아보고자 노력하였다. 그 결과는 현재진행형이지만 22년 동안 회사를 유지해 왔고 코로나19 3년 동안 흔들림 없었던 것이 하나의 증거일 것이다. 만족이라는 것은 존재하지 않겠지만, 필자가 얻는 지식과 경험을 공유하는 것도 좋은 방법일 것이라는 생각으로 글을 써 보았다.

돌이켜 보면 외국인들을 만나 거래를 한다는 것은 생각보다 쉽지는 않다. 준비할 것이 많기 때문이다. 특히 중소기업들에는 더더욱 그럴 것이다. 언어와 문화의 차이 등이 존재하고 또 수출자는 제품의 경쟁력이 매우 중요한데, 그런 것들이 모두 다 잘 극복되고 충족되어야 수출이 이루어지고 이윤이 발생하는 것이 무역의 기본원리이기 때문이다. 특히 도외시하는 비언어에서 거리, 공간, 시간에 대한 개념은 일반인들이 많이 접해 보지 못했겠지만, 글로벌 비즈니스에서는 매우 중요한 부분이므로 숙지하면 큰 도움이 될 것이다.

무역을 하기 위해 기본적인 업무지식을 쌓아야 하는 것은 당연하겠지만 좀 더 깊게 이해를 하면 좋을 수 있다는 생각에 무역실무 부분도 다루어 보았다. 필자가 처음으로 무역을 접했을 때는 단순한 지식으로 일관해 폭넓은 거래처를 확보하기가 힘들었지만 오랜 기간 경험이 축적된 후에는 좋은 전략이 개발되면서 수출에 도움이 되었던 것 같다. 지면상 신용장, 운송조건, 중재조항, 무역보험 등 일부만 언급했으나 차후 시간이 되면 예외적으로 발생하는 무역실무에 대하여 자료를 만들어 무역하는 분들에게 도움이 되고 싶다.

수출하는 데에는 아무래도 핵심역량이 필요할 것이다. 역량에는 다양한 것들이 있지만 독서만한 것이 없을 것이다. 수출하는 분들에게는 제품의 품질이나 외국어보다 더 중요한 '독서'를 많이 권하고 싶다. 시대를 막론하고 전 세계 90% 이상의 부(富)는 상위 0.1%가 소유하고 있다. 그들은 그냥 부자가 되는 것이 아니다. 막강한 독서력이 그들의 후면에 버티고 있다는 것을 알아야 한다. 그러한 사람들과 거래를 한다는 것은 그 무엇보다도 인문학적인 독서력이 필요할 것으로 보인다.

21세기는 삼국지의 조조가 그리던 세상이 아니다. 조조는 길에 떨어진 물건을 아무도 집어 가지 않고 감옥은 텅 빈 나라를 만들고 싶어 했다. 그러나 전 세계를 어디를 가도 그런 판타지아는 없다. 단지 존재하는 것은 국가 간, 기업 간의 치열한 경제전쟁뿐이다. 우리가 살아가야 할 시간은 치열한 경쟁 속에서 무역해야 하는 위치에 놓여 있는 것이다. 그렇다고 그런 이유로 좌절할 필요가 없다. 세상에 안 되는 일이 또 무엇이 있겠는가? 난세일수록 두려움 없이 행동하라는 말도 있다. 기업가 스스로 떨쳐 일어나 난세를 극복하면 강건한 회사를 만드는 것은 어렵지 않을 것이다.

나무가 부러지는 것은 벌레가 먹었기 때문이고 담장이 무너지는 것은 틈이 생겼기 때문이지만, 강풍이 불지 않으면 부러지지 않고 큰비가 내리지 않으면 무너지지 않는다는 한비자(韓非子)의 말이 있다. 강풍이나 큰비가 오지 않기를 기대하는 것보다 근본적으로 부러지지 않고, 무너지지 않으려면 혜안(慧眼)이 필요하리라 생각이 든다. 부디 이 책에서 기업 생존의 조그마한 실마리라도 찾았으면 하는 것이 필자의 마지막 바람이다.

이번에 신문연재와 책의 출간을 기획하여 주신 한국무역신문사의 김석경 대표에게 감사를 드린다. 부족한 실력을 견지하여 주시고 좋은 글월을 만들어주신 것에 대하여 다시 한 번 고마움을 표하고 싶다. 또한, 신문지면이나 인터넷으로 오랜 기간 부족한 글을 읽어 주신 많은 독자에도 감사를 드린다. 특히 충북무역발전협의회 회원들과 고향 친구들도 꾸준히 좋은 독자가 되어 글월이 잘 마무리되도록 격려하여 준 것에 대해 한없는 감사를 드린다.

2022년 12월

정 병 도

추천의 글

많은 젊은이들이 읽고 열정과 꿈을 배우기를

이 책은 회사원에서 출발하여 한국과 중국에 회사를 설립하고 수출활동을 하기 위하여 중남미와 아프리카를 포함, 지구촌 곳곳을 누빈 주식회사 웰마크 정병도 사장의 경험을 서술한 흥미진진한 이야기를 담고 있다. 부제에도 나타나 있는 것처럼 글로벌 비즈니스를 위하여 정 사장이 지구 60 바퀴에 해당하는 거리를 이동하며 경험하고 느낀 다양한 이야기를 진솔하게 서술하고 있어 그의 열정과 집념, 체력에 감탄하며 읽어나가게 된다.

저자 정병도 사장은 글로벌 비즈니스를 담당하는 수출기업의 최고경영자이기도 하지만 높은 학구열을 갖고 있어서 꾸준히 학문을 연마한 경영학자이기도 하다. 정 사장은 해외 비즈니스로 바쁜 와중에도 시간을 쪼개서 고려대학교에서 1997년 홍콩의 중국 반환을 전후 한 수출환경 변화를 분석한 논문으로 경영학석사학위를 받은 후에 청주대학교에서 '중남미 국가의 문화적 가치와 협상과정이 협상성과에 미치는 영향'이라는 주제로 논문을 써서 경영학박사학위를 취득한 바 있다.

본인은 고려대학교에서 정병도 사장이 경영학석사과정을 이수할 당시 가르친 교수이자 논문지도교수로서 정 사장의 성실함과 열정에 반하여 30년 가까이 교류를 이어오고 있다. 석사과정 당시에도 정 사장은 해외 영업활동을 하고 있었는데 학교 수업에 가급적 빠지지 않으려고 출장일정을 조정하는가 하면, 출장 후에도 수업시간에 늦지 않도록 귀국하는 날 피곤한 몸을 이끌고 공항에서 바로 강의실로 찾아오는 열정을 보여주기도 하였다. 이러한 열정이 사업과 공부라는 두 마리의 토끼를 동시에 잡을 수 있었던 근원이라 생각한다.

정병도 사장이 집필한 이 책은 〈한국무역신문〉에서 절찬리에 연재되었던 글을 모아 간행하게 된 것으로, 많은 관심과 인기를 모으리라 기대한다. 특히 이 책은 단순한 해외 영업의 에피소드 나열이 아니라 영업활동을 성공적으로 이끄는 데 필요한 현지 문화에 대한 이해를 중심으로 그를 뒷받침하는 각종 비언어 커뮤니케이션 이론 및 수출대금 결제방법, 수출보험 등 무역실무적인 내용도 포함하고 있어 무역업에 종사하거나 관심이 있는 분들에게 큰 도움이 되리라 생각한다. 또한 수출기업의 핵심역량, 동양철학과 경영 등의 토픽은 글로벌 비즈니스의 최고경영자로서 그가 경영활동에 임하는 자세를 잘 보여준다. 본인은 이러한 것들을 읽으며 정 사장의 박학다식함에 놀랐으며, 정 사장의 인생 성장 스토리와 요소요소에 삽입된 재미난 경험들은 손을 잠시도 놓지 못하고 계속 빠져들며 읽게 만드는 흡입력을 보여주고 있다.

이 책은 수출, 기업경영, 세계 문화, 커뮤니케이션 등에 관심 있는 모든 연령층의 독자가 즐길 수 있지만, 특히 해외 영업을 통하여 어려운 경제 여건을 극복하고 성공적인 기업 활동을 추구하는 사업가, 기업 임직원, 해외 영업 담당자들에게 일독을 권하고 싶다. 요즘 취업난 속에서 어려움을 겪고 있는 많은 젊은이들에게 이 책은 치열한 해외 영업현장의 실상과 성공사례를 보여 줌으로써 그들이 해외시장 개척을 통하여 열정을 쏟고 꿈을 펼쳐나가며, 그들의 성공이 한국경제에도 도움이 되는 선순환의 계기가 되기를 기대하며 강력하게 추천하는 바이다.

박　진　성
고려대학교 명예교수

추천의 글

국제 비즈니스, 이(異)문화 협상이 좌우한다.

우선 저자인 정병도 박사의 저서 '수출 인문학: 지구 60바퀴, 발로 뛴 무역 이야기'의 발간을 진심으로 축하드린다. 정병도 사장은 강원도 화천 깡촌 출신 '촌놈'으로 지금 아프리카와 중남미, 아시아를 누비는 글로벌 비즈니스맨이다.

대학 졸업 후 보장된 봉급을 주는 좋은 중견기업을 그만두고 중소기업을 선택하였고, 편한 부서를 포기하고 어려운 해외영업을 선택하여 경험을 쌓은 후, 1999년 4월 인조피혁제조 및 바닥재 수출회사를 창업하였다. 회사 창업 후 쉬운 시장을 버리고 경쟁기업들이 주목하지 않던 아프리카와 중남미의 미개척 시장을 성공적으로 개척해서 지금까지 글로벌 비즈니스를 아주 성공적으로 수행하고 있다.

정병도 사장의 항공 마일리지는 150만 마일이 넘어서 비행거리로 환산하면 지구를 60바퀴 넘게 돈 셈이 되고, 서울에서 북경까지 비행기로 1,250회 왕복한 셈이 된다. 남들이 가지 않은 시장을 발로 뛴 '지성무식(至誠無息: 지극한 정성은 쉬지 않는다)'정신으로 점철된 저자의 피와 땀의 스토리가 본 책에서는 고스란히 녹아 있다.

사업이든 수행이든 어떤 분야에서 성공하는 과정에서 우리는 수많은 위기에 봉착하기 마련이다. 그 어려움을 이겨내기 위해서는 먼저 자신이 궁

(窮)한데서 변해야 되고, 상대와 통(通)해야 한다. 공자 선생님은 주역(周易) '계사전'에서 "변해서 통하는 것을 사업이라고 한다(變通之謂事)"라고 말했다. 변화와 소통 즉, 변해서 통해야 사업이 지속될 수 있다는 것이다. "역은 궁하면 변하고, 변하면 통하고, 통하면 오래간다(易, 窮卽變, 變卽通, 通卽久)"라고 한 공자의 말은 오늘날 국제 무역이나 글로벌 비즈니스를 성공적으로 실현하기 위한 역(易)의 올바른 이치를 말한다. 궁할 때 위기를 탈출할 수 있게 하고, 좋은 시절을 오래 유지하게 하는 변화의 덕목이 바로 '변통(變通)'의 지혜인 것이다.

비즈니스에서 가장 중요한 기본 요소는 문화이다. 문화는 비즈니스에서 전략을 수립하는데 대단히 중요한 역할을 하는 요인으로 성공적인 비즈니스를 위한 디딤돌이 된다. 예컨대, 상대와 인사를 나누는 법과 상대와 대화를 흥미롭게 하는 법, 계약을 체결하는 법 등이 각양각색이며, 이러한 것들이 문화적 충돌을 자주 일으키기도 한다. 국제협상이나 상담 등에서 발생하는 많은 문제들은 상대방 이문화(異文化)에 대한 식견이나 이해력의 부족에서 생긴다. 상대방 문화에 대한 몰이해는 협상력의 부재와 소통(Communication)의 문제를 일으켜 협상 실패와 함께 사업의 경쟁력을 떨어뜨린다. 따라서 국제 비즈니스에서 성공적인 이(異)문화 협상은 상대 문화에 대한 적응전략과 함께 효과적인 이문화 소통전략을 '변통(變通)'의 인문학적 기반 위에 구사해야 한다는 점이다.

국제협상은 국내협상과 구별되며, 국제협상의 가장 큰 특징은 다른 협상문화권에 속하는 상대와의 협상이라는 이(異)문화 협상(Cross-cultural negotiation)의 측면에서 찾을 수 있다.

협상 그 자체가 의사소통과정으로서 다른 문화권 사이의 국제협상에서 발생하는 거의 대부분의 문제가 이(異)문화 커뮤니케이션 상의 문제라 할 수 있다. 따라서 국제협상에서는 서로 다른 문화 간 커뮤니케이션 상의 문제점을 해소하기 위하여 문화적 차이를 고려한 '현지문화적응(Acculturation)'전략을 적극적으로 구사할 필요가 있다.

국제 이문화 협상전략의 대가인 모란(Harris & Moran, 1999)은 다음과 같이 5단계의 현지문화 적응전략을 제시하고 있다. 첫째, 현지 문화에 대하여 미리부터 공부할 것, 둘째, 현지어를 배울 것, 셋째, 이(異)문화와의 접촉을 즐겁게 받아들일 것, 넷째, 현지문화의 다양성과 하부문화(Sub-culture)를 이해할 것, 마지막으로 현지인과 사귈 것을 주장하고 있다. 이처럼 국제 비즈니스의 성공은 상대방 문화를 이해하는 것과 직결되어 있다. 상대방의 문화를 잘 이해할수록 오해의 소지가 적어지고 비즈니스의 목적을 달성할 가능성이 높아진다는 것이다. 또한 국제협상에서는 서로 다른 문화 간 커뮤니케이션 상의 문제점을 해소하기 위하여 언어나 비언어적 행위에 대한 의사소통 전략을 잘 짜야한다. 많은 연구의 결과에서는 협상 시의 언어(message)적 요소 보다 비언어적 요소가 협상성과에 미치는 영향에서 압도적으로 높은 것으로 나타나고 있다. 따라서 상대 협상자와 이문화 협상 수행 시에 협상 상대와의 눈맞춤(eye contact), 악수, 절(bow), 껴안음, 웃음, 접촉문화(safety zone), 개인 간 안전거리(personal distance), 몸짓(gesture) 등과 같은 비언어적 행위에 더욱더 유념해야 한다.

본 저서에서 저자는 국제협상에서는 문화적 차이가 지대한 영향을 미치며, 문화적 차이에 따른 각종 장벽과 의사소통의 문제는 타 문화권과의 협상을 더욱 어렵게 만든다고 주장하고 있다. 협상 상대방이 지닌 문화적 배경을 무시한 채 자신에게 익숙한 대화의 틀(frame)에 맞추어 협상을 진행하면 실패하기 쉽다는 것이다. 본 저서에서는 저자가 직접 발로 뛰면서 체득한 실제 경험을 중심으로 글로벌 비즈니스와 국제협상에서 성공을 거두기 위해서는 협상자 자신이 지니고 있는 타 문화권에 대한 인식의 변화와 협상 상대의 의사소통 문화에 대한 현지문화적응 전략이 절실히 요구된다고 주장하고 있다. 따라서 성공적인 협상가가 되기 위해서는 주역(周易)의 '변통'의 전략에 기초한 타 문화권 구성원들이 지니고 있는 문화적 배경과 의사소통 방식에 대한 폭넓은 이해와 이문화 적응전략이 필요하다.

본 저서에서 저자는 '국제 비즈니스, 이문화 협상이 좌우한다'라는 관점에서 수많은 현장 경험을 통하여 획득한 이(異)문화 협상 성공전략을 저자가 애독하는 주역(周易)의 '변통(變通)'의 원리에 따라 쉽고 재미있게 설명하고 있다. 특히 본 저서의 백미는 비언어 커뮤니케이션의 중요성, 아프리카와 중남미 출장 팁, 지구촌의 신언서판 관상법, 비즈니스 세계의 독서경쟁력, 문화권마다 다른 시간 개념, 외상거래의 유혹, 신용장 거래의 위험성 등과 같은 주옥같은 저자의 인문학적 비즈니스 비망록들이라 할 수 있다. 특히 중남미와 아프리카 문화에 관심이 많은 일반인들이나 글로벌 비즈니스에 뜻을 둔 예비 창업자들, 그리고 무한한 가능성이 있는 아프리카나 중남미 시장을 개척하고자 하는 무역인들에게 필독을 꼭 권한다.

국경 간 전자상거래(Cross-border Electronic Commerce)로 바이어를 만나기가 훨씬 쉬워진 지금, 가능한 한 직접 바이어를 발로 뛰어 찾고 다닌다면 더더욱 좋은 결과가 있을 것으로 본 저서는 결론을 맺고 있다. 정병도 사장의 '용자불구(勇者不懼)' 즉 '용기 있는 사람은 두려워하지 않는다'는 정신으로 코로나바이러스로 인한 불경기 파고를 넘고, 해외시장을 성공적으로 개척하고자 하는 모든 분들에게 본 저서를 글로벌 비즈니스 실무 필독서로 적극 추천하는 바이다.

박 승 락

청주대학교 무역학과 교수/ 전 한국무역학회장/ 전 한국통상정보학회장

'세계는 넓고 할 일은 많다'를 증명한 무역인

그동안 〈한국무역신문〉에 '지구 60바퀴 - 발로 뛴 무역이야기'로 연재되어 중소무역인들의 뜨거운 호응을 받았던 웰마크 정병도 대표의 원고가 이번에 책자로 발간되어 더 많은 독자를 만나게 되었다.

우리에게도 유명한 소설 '거상(巨商)'의 저자 장쥔링(張俊領)은 "온저우(溫州) 상인들처럼 천산만수(千山萬水), 천언만어(千言萬語), 천신만고(千辛萬苦), 천방백계(千方百計)의 마음을 가져야 성공에 도달할 것"이라고 하였다. "멀고 험한 길을 다니며, 끝없는 협상과 노력을 하고, 고통과 어려움을 견디며, 다양한 비즈니스 전략을 만들어야만 신화를 만들 수 있다"는 말이다.

나는 이 말에 딱 들어맞는 기업인이 정병도 대표라고 생각한다. 우연히 저자가 쓴 '마지막 시장 아프리카&중남미'라는 책을 읽게 되었는데, 어느 무역인이 이런 경험을 해보았을까 하는 경탄이 절로 나는 그야말로 '육필(肉筆)'이었다. 대우그룹 고(故) 김우중 회장이 주창하시던 "세계는 넓고 할 일은 많다"를 증명해 보인 무역인의 귀감이라고 생각되었다.

정 대표는 협상의 달인이다. 1992년 지방의 한 중소기업에 입사했을 때부터 해외영업에 대한 자질을 인정받았다. 새벽 2시 퇴근, 아침 7시 출근은 일상이었고 한 해 3분의 2 정도를 해외에 나가 직접 바이어들을 만났다고 한다. 이 마케팅 방식은 1999년 웰마크를 설립한 이후에도 지금까지 이어지고 있고, 코로나19 사태를 이겨내는 원동력이 되었다. 그의 항공 마일리지는 160만 마일이 넘는다. 지구를 60바퀴 이상 돈 셈이다.

웰마크의 성공에는 무엇보다 국가별 문화나 선호도에 대한 정 대표의 깊숙한 이해가 뒷받침됐다. "바이어와의 친밀도를 높이는 것이 가격과 품질보다 더 중요하다"는 게 정병도 대표의 철학이다. 정 대표가 국제통상 박사과정으로 이문화(異文化)와 비(非)언어 커뮤니케이션을 공부한 이유도 이 때문이다.

'수적천석(水滴穿石)'이라는 말이 있다. '떨어지는 물방울이 바윗돌을 뚫는다'는 뜻이다. 아무리 미약해도 지속적으로 반복하면 어떤 난관이라도 헤쳐 나갈 수 있는 것이다. 수출도 마찬가지다. 실패와 노력이 반복하여 이루어지다 보면 좋은 결과가 나오는 것이다.

정병도 대표는 "사업하는 사람들에게 위험하지 않은 시장도, 안전한 시장도 없다. 하지만 위험할수록 잠재력이 큰 시장"이라고 말한다. 과감한 도전과 철저한 준비가 기업의 가치를 바꿀 수 있다는 말일 것이다.

미국의 금리인상으로 촉발된 고금리, 고유가, 고물가로 우리 무역인들의 기업환경은 그야말로 앞이 보이지 않는 어려운 국면이다. 이럴 때일수록 정병도 대표의 말처럼 기본으로 돌아가서 도전하는 자세가 필요할 것이다.

김 고 현
한국무역협회 전무

수출 인문학

지구 **60**바퀴를 돌며 발로 뛴
글로벌 비즈니스 비망록

제3부 글로벌 비즈니스와 이문화

제4부 뒤집어 본 무역이론

수출 인문학

지구 **60**바퀴를 돌며 발로 뛴
글로벌 비즈니스 비망록

제**1**부

나의 삶, 나의 비즈니스

01

수출과 더불어 시작된 나의 인생

1992년 여름, 뜨거운 열기 속에 이국적이면서 사람들로 붐비는 홍콩의 옛 카이탁 공항에 내렸다. 기내에서 빌딩 숲 속으로 빨려 들어가는 비행기가 행여나 어딘가에 부딪힐까 불안하면서도, 흥분된 마음을 주체할 수 없었다. 당시 캐세이퍼시픽 항공을 타고 갔는데 여승무원들의 빨간 유니폼과 단발머리가 인상적이었다. 구룡반도 침사추이(Tsim Sha Tsui)에서 저녁노을에 반사된 찬란한 금빛 빌딩에 압도당했던 느낌이 지금까지 잊히지 않는다.

마음만은 '역발산기개세'였던 신입사원 시절

그 때가 내 생애 최초의 해외 세일즈 출장이었다. 많은 기억들이 생생하다.

필자는 당시 가난한 중소기업의 신입직원으로, 회사에 구세주가 되겠다는 열망이 가득한 열혈청년이었다. 어떡하든 사막에서 바늘 찾듯 바이어를 찾고 오더를 받기 위해 온몸을 불태울 심산이었다. 한마디로 마음만은 항우의 '역발산기개세(力拔山氣蓋世; 힘은 산을 뽑을 만하고 기세는 세상을 덮을 만하다)'였다.

30년이 흐른 지금 돌이켜 보면, 딱 맞는 구절이 생각이 난다.

〈거상(巨商)〉의 저자 장쥔링(張俊領)은 "중국의 유대인이라 불리는 온저우(溫州) 상인들처럼 천산만수(千山萬水), 천언만어(千言萬語), 천신만고(千辛萬苦), 천방백계(千方百計) 등의 천만정신(千萬精神)의 마음을 가져야 성공에 도달할 것"이라고 하였다. "멀고 험한 길을 다니며, 끝없는 협상과 노력을 하고, 고통과 어려움을 견디며, 다양한 비즈니스 전략을 만들어야만 신화를 만들 수 있다"는 말이다.

이 글을 〈한국무역신문〉에 연재하기 위해 준비하며 다시 한 번 인생을 되돌아보게 되었다. 어릴 적 나의 가장 큰 꿈은 비행기를 타고 해외에 나가서 외국인들과 일을 하는 것이었다. 그리고 실제로 평생 하고 싶은 그 일을 하고 살고 있으니 꿈을 이룬 셈이다.

강원도 화천 두메산골에서 나고 자라며 꾼 꿈

사람들은 저마다 나름의 삶의 목표를 가지고 산다. 필자는 자신이 꿈꾸고 또 진정으로 하고 싶은 일을 하며 사는 인생이 가장 성공적이라고 생각한다. 대학졸업 후 필자는 바로 무역회사에 입사해 꿈꾸어온 세상에 발을 들였다. 그리고 지금까지 전투적이지만 행복한 인생 1막을 보냈다.

돌이켜 보면, 첩첩산중 강원도 화천 읍내에서도 한참 들어가야 하는 시

남아프리카공화국 요하네스버그에서 바이어와 함께.

골 마을에서 나고 자란 내가 그런 꿈을 가진다는 것 자체가 말도 안 되는 상황이었다. 하지만, 하고자 하는 열정 때문이었는지 아니면 요행 덕이었는지, 평생을 내가 꿈꾸어 온 무역이라는 한 직종에서만 종사했다. 조상들께서 도운 것이다.

나의 해외에 대한 동경은 초등학교 시절 시작됐다. 고향 마을로 미군들이 동계훈련을 자주 왔었는데, 흑백의 미군들이 큰 소리로 훈련하는 모습이 매우 신기하고 이채로웠다. 영어를 모르는 나는 그저 신기할 따름이었다. 세상이 넓다는 생각과 함께 만약 영어를 할 수 있다면, 하는 유쾌한 가정을 마음속에 담았다.

훗날 영어를 못하는 내가 대학을 가고자 어쩔 수 없이 독일어를 선택하여 학력고사를 보아 대학을 들어갔는데, 영어를 하지 못하면 취업이 어렵던 시절이라 입학 후에는 영어회화 공부를 무지막지하게 하였다. 잘하지는 못하였지만, 어느 정도 자신감이 붙으니, 꿈에 그리던 외국에 갈 수도 있겠구나, 하는 생각이 들었다.

1992년도에 졸업했는데 당시만 해도 영어를 잘하는 사람들이 그리 많지 않던 시절이었고, 해외영업부가 만들어진 회사를 찾으면 되는 일이라, 졸업하자마자 중소기업 S사의 해외영업부에 입사하게 되었다.

그 중소기업은 나를 만들었고, 2000년에 창업한 나의 회사에 중요한 자양분이 되었으며, 수출기업으로서 성장하는 디딤돌이 되었다.

당시에도 사람들은 대기업 입사가 성공인 것으로 생각하였지만, 나는 하고자 하는 일에 모든 기회가 부여되는 그 중소기업이 여간 마음에 드는 것이 아니었다. 비록 박봉에 미래도 불투명했지만, 덕분에 다양한 업무를 경험할 수 있었고 또 이런저런 도전을 해 볼 수 있어서 당시의 선택에 대해 후회는 없다.

아침 8시에 출근해 밤 12시 퇴근하던 사원 시절

아침 8시에 출근하여 밤 12시경 퇴근하고, 한 달에 서너 번씩 해외출장을 다녀도 피곤한 줄 몰랐다. 토요일, 일요일과 휴가도 반납하고 일을 했다. 8년간 직장생활을 하면서 여름휴가를 딱 2번 가 보았다.

이렇게 무리를 한 이유는 대다수 중소기업들이 그렇듯이, 그 회사도 인력 부족으로 해외영업을 하는 사람이 없었기 때문이다.

회사의 모든 부서에 여러 명씩 배치돼 일하면 좋으나 중소기업에서는 그렇게 할 수 없다. 그래서 본업인 영업도 하지만 시간이 나면 생산부에서 같이 일을 하기도 하고, 제품 출하를 하거나, 해외에서 들여오는 원자재 관리도 하는 등 1인 3역, 1인 4역이 당연하다.

지금은 '워라밸(Work and Life Balance)'이라는 신조어가 생길 정도로 사회가 바뀌었지만, 50~60대 기성세대들은 당시 회사에서 그렇게 많은 업무를 하는 것이 당연한 줄로 알았다.

S사 대표께서는 필자가 입사하자마자 수출을 하고 싶다며 해외영업부를 만들어 시작했으니, 준비가 제대로 안 되어 원시적인 방법으로 수출을 시작하였던 것 같다.

그 당시 회사 대표와 저녁 식사를 하면서, 동종업계에서 3년 내에 한국에서 해외영업의 탑이 되겠다고 호언을 하였는데 정말 힘들게 그 '뒷감당'을 했다. S사는 3년 만에 연간매출 30억에서 300억으로 성장하게 되었는데, 필자는 그곳에서 노력하는 만큼 결과가 따라온다는 진리를 깨우쳤다.

신입사원으로 일하면서 배우고 깨우친 것들

S사에서 일하면서 많은 것을 경험하고 깨우쳤다.

그 중 첫 번째가 나의 능력이 부족하면 남들보다 몇 배 더 일하자는 것이었다. 누구나 하루에 24시간이 주어지므로 평등하지만, 그렇다고 동일한 결과가 나오지는 않는다. 열심히 일하는 사람은 결과가 좋기 마련이다.

두 번째는 남들과 동일한 전략으로 일하지 말자. 경쟁자의 전략을 답습하는 것은 패배의 지름길이라고 생각한다. 항상 새로운 전략을 만들고 이행하는 것이 기본이다.

세 번째는 사양산업은 없다는 것이다. 그 당시 인조피혁을 수출하였는데, 1990년대에는 최고로 수출이 잘되었으나 90년대 후반에는 한국의 대다수 회사들이 사양산업이라는 딱지로 정리가 되었다. 하지만 필자는 중국에 인조피혁 공장을 설립하여 오늘날까지 성공적으로 운영했다. 사양산업은 존재하지 않는다고 생각한다. 단지 존재하는 것은 낡은 생각과 편견뿐이다.

네 번째는 일이 안 된다고 다른 핑계를 대지 말자는 것이다. 핑계가 많아지면 이루어질 수 있는 것이 없다.

02

고난의 청년시절

필자의 인생에서 가장 도전적이고 역동적인 시기는 청년 시절이었다. 무엇 하나 여유가 없었고, 모든 문제에 스스로 해결책을 찾아야 했다. 특히 경제적으로 어려워 고민이 많았고 친구들보다 더 노력해야 했다.

중3 때 막노동, 고등학생 땐 농사

중학교 3학년 때 막노동을 처음 시작했다. 집 근처 군용 다리 공사에서 시멘트와 모래를 나르고 섞는 일이었다. 지금 같으면 근로기준법 위반에 미성년 노동 착취에 해당하겠지만, 당시 곤궁한 형편의 나에게는 좋은 일자리였다. 고등학교에 진학한 다음에는 동네에서 이런저런 품앗이를 했다. 물론 봄부터 가을까지 농사일을 병행하고 겨울엔 땔감을 준비했다. 아마 시골 출신이라면 누구나 경험이 있을 것이다. 가끔씩 지게질하는 일감이 생기면 친구들과 같이 용돈을 벌어 썼다.

　고민이 가장 많던 시기는 고3 때였다. 대학을 가야 하는데 4년 동안 등록금을 어떻게 조달할 것인지가 고민의 핵심이었다. 거액의 등록금과 생활비가 나올 곳이 없으므로 어떤 '비책'이 필요했다. 당시 필자가 생각해낸 방법은 원양어선을 3년 정도 타고 나서 학교에 다니거나, 군대 부사관에 지원하여 4년간 번 돈으로 학업을 하는 것이었다. 실제로 고향의 한 친구는 해병대 부사관으로 지원하여 복무하고 저축한 돈으로 대학을 다녔다.

　하지만 필자는 두 가지 방법 모두 선택하지 않고 대학에 입학한 후 일자리를 알아보는 방법을 선택했다. 1년 휴학한 후 돈을 벌어 1년 학교를 다니면 된다는 생각이었다.

이런저런 아르바이트를 전전하다

　처음 시작한 아르바이트 자리는 영등포역앞 맥줏집 서빙이었다. 그런데 그 맥줏집은 독특한 데가 있었다. 술과 안주를 나르는 일보다 손님들에게 비싼 술과 안주를 유도하는 것이 더 중요한 웨이터의 업무였다. 결국 손님들에게 못된 짓을 하는 것 같아 몇 달 일하다 포기하고 말았다.

　이후 도서(전집류)를 파는 판매 영업사원, 가가호호 방문해 생활물품을 파는 방문판매원을 거쳐 보안경보기 회사에 취업해 일하기도 했지만, 등록금과 생활비를 충당하기 어려웠다. 게다가 공부할 시간도 많이 부족해 결국 모두 그만두고 군에 입대했다.

　제대 후에는 생각이 많이 바뀌었다. 내가 가장 잘 할 수 있는 일이 무엇인가와 어떻게 하면 공부할 시간을 확보할 수 있는가, 그리고 무엇을 해야

졸업여행을 가는 대신 후배와 자전거를 타고 동해안을 여행했다(1989). 우측이 필자.

돈을 많이 벌 수 있는가를 고민했다. 결론은 막노동이었다.

여기저기 수소문 끝에 경기도 부천시 소사동에서 막노동에 '데뷔'를 했다. 처음으로 맡은 일은 시멘트 벽돌을 지게로 져서 3층과 4층에 올려놓는 일이었다. 십장은 내게 나이도 어리고 힘도 없어 보이는데, 어떻게 이 일을 하려고 하느냐고 타박했다. 그는 이 일이 누구든 한 시간만 하면 포기하고 간다며, 일단 한 번 지게를 지고 자기를 따라 해 보라고 했다. 내가 십장과 같은 개수의 벽돌을 모두 지게에 지고 3층까지 다녀오니 모두들 놀라는 눈치였다. '여기 십장을 이기는 젊은이가 나타났다'는 소리가 들렸다.

그날 일을 끝내고 나니 몇몇 십장들이 같이 일을 하자며 찾아왔다. 일종의 스카우트 제의였다. 나의 놀라운 지게 실력에 감동(?)한 듯했다. 블록 한 장이 1.75kg인데 36장(63kg)을 종일 지고 다니며 버텨냈다. 지금 생각하면 어떻게 그렇게 할 수 있었는지 스스로도 놀랍다.

막노동판에서 같은 일을 하는 동료 노동자가 하루 2만 원 정도 받을 때 필자는 2배인 4만 원을 받았다. 지게로 남들보다 많은 벽돌을 더 빠른 속도로 져 날랐기 때문이다. 시골에서 어릴 때부터 나무를 져 나른 경험이 도움이 되는구나 생각했다. 나름 험한 아르바이트를 하던 필자의 친구들이 하루 9000원 정도의 품삯을 받던 시절이었다.

남들보다 2배 더 받은 품삯

대학을 졸업할 때까지 방학 동안에는 하루도 쉬지 않고 일하고, 학기 중에는 월요일부터 목요일까지 수업을 듣고 금요일부터 일요일까지 3일 동안 일하는 시스템을 유지했다. 그렇게 대학 등록금과 생활에 필요한 비용을 충당할 수 있었다.

일하느라 공부할 시간이 부족할 것이라며 아르바이트를 말리던 사람들도 있었으나, 필자는 노동을 하면서 많은 것을 얻었다. 물론 공부할 시간이 많지는 않았지만, 허투루 시간을 보내지 않고 오직 일과 공부만 했으니 시간이 아예 없는 것은 아니었다. 주로 밤에 공부를 했다. 취업준비를 위해 영어 공부를 할 때에는 토익이나 토플 책을 100번씩 보았다. 그 두꺼운 책도 100번을 보니 영어가 두렵지 않았다. 옛사람들도 '독서백편의자현(讀書百遍義自見)'이라고 했다. 다소 무식한 방법이지만 100번 보는 것을 고집했다. 조선시대 독서광 김득신은 사마천의 '사기' 중 '백이전'을 1억1만3000번 읽었다고 하니, 100번 읽는 것은 아무것도 아니라고 생각했다.

막노동을 하면서 이런 일도 있었다. 제대한 직후 군입대 동기들과 학비를 벌기 위해 서울과 경기지역 여기저기서 일감을 찾다가, 수원지역에 있는 어느 대학의 도서관을 짓는 일에 참여하게 됐다. 동기들 모두 시골 출신이라 힘도 좋고 일에 대한 센스도 있어 일당을 가장 많이 주는 대리석 붙이는 일의 보조를 맡았다. 그 중 한 친구는 필자에게 담요 하나만 들고 오라고 했다. 여름이니 공사장 옆 들판에서 자면서 일하면 숙박비를 절약할 수 있다는 것이었다. 우리는 공사장 가건물 처마 밑에서 잠을 자면서 일을 했다. 그러던 어느 날 아침에 일어나보니 필자와 친구 사이 이불 위에 거대한 물웅덩이가 생겼다. 얼마나 피곤했던지 비가 많이 와도 모르고 잤던 것이다. 어이가 없어 둘이 마주 보며 한참을 웃었던 기억이 있다.

안타까웠던 기억도 있다. 우리를 고용했던 사장님이 원청회사에서 공사대금을 받지 못하여 혼자 울고 있었다. 이 안타까운 상황을 본 친구와 필자는, 우리가 받아야 할 임금을 받지 않겠다고 사장님에게 말씀드렸다.

하지만 그 사장님은 "당신들 돈은 꼭 주어야 한다"며 며칠 내에 돈을 융통해 주셨다. 마지막 날 저녁을 사 주시면서 열심히 공부해 성공하라고 하셨는데, 그 고마움이 아직도 생생하다. 당시 회사라는 것이 경영하기가 참 힘들구나 하는 생각이 들었다. 그 사장님의 눈물이 아직도 기억이 난다.

졸업여행 대신 자전거 여행의 사연

곤궁해서 얻은 것도 있다. 대학 4학년 때다. 모든 친구들이 졸업여행을 가는데, 필자는 경제적 어려움으로 갈 수가 없었다. 친구들이 돈을 모아 준다며 같이 가자고 했지만 미안하여 거절했다. 대신 자전거로 무전여행을 하기로 마음먹었다. 아는 선배에게 자전거를 빌리고 후배를 설득해 함께 동해안 일대를 달렸다. 자전거가 고장 나기도 하고 도로 사정이 좋지 않아 고생을 많이 하기도 했지만, 숙식을 공짜로 해결하면서 여러 사람들을 만날 수 있었다. 돈 없이 일주일간 지내며 많은 생각을 하게 되었다. 앞으로의 인생에 대해 고민도 하고 동해의 절경도 감상했다. 수학여행과 졸업여행은 없었지만 가장 가치 있는 대학시절의 여행이 되었다.

맹자의 '진심장(盡心章)'에 나오는 '궁즉독선기신 달즉겸선천하(窮則獨善其身 達則兼善天下)'가 떠오른다. '궁색할 때는 홀로 수양하는 데 주력하고, 잘 풀릴 때에는 천하에 나가 좋은 일을 한다'는 뜻이다. 같은 과 친구들의 도움을 받아 졸업여행을 다녀오는 것보다 홀로 수양을 하는 데 시간을 사용한 것이 지금까지 살아오는 데 도움이 됐다. 살면서 남들이 행한다고 모두 할 수는 없는 노릇 아닌가.

필자가 노동판에서 배운 경험과 사유는 나중에 아프리카나 중남미 등지를 다닐 때 큰 도움이 되었다. 곤궁하고 험한 인생을 사는 아프리카 바이어들과 흉금을 터놓고 나의 경험을 이야기하면 금세 친구가 됐다. 모든 일들은 생각처럼 간단히 이루어지지 않는다고 믿는다. 사람의 마음을 사는 것은 세 치 혀가 아닌 넓은 가슴과 경험들이기 때문이다.

필자는 아프리카나 중남미에서 성공을 위해 노력하는 나의 바이어들이 모두 성공하기를 간절히 바란다. 내가 그랬듯이 그들도 뜨거운 도전을 하고 있다. 세월을 견디고 비바람을 버텨야 나무에 나이테가 생긴다. 삶도 마찬가지다.

03

제2의 삶을 만들어준 베네수엘라 바이어

2000년 창업 이후에 대형 오더를 3번 수주했다. 그것도 지구 반대편의 중남미와 아프리카 국가인 베네수엘라와 칠레, 그리고 에티오피아에서였다.

가장 극적인 비즈니스는 베네수엘라에서 이뤄졌다. 필자가 베네수엘라 바이어 Y를 처음 만난 곳은 미국의 어느 박람회장이었다.

우연한 만남에 호의를 베풀었더니…

만남은 우연이었다. 그는 당시 가방 원단을 구하고자 미국에 출장을 왔고, 여러 곳을 수소문하다가 필자를 만났는데, 여러모로 처음부터 예사롭지 않았다.

필자는 그날 Y와 호텔에서 저녁 6시경에 만나자는 약속을 한 후, 다른 바이어와 저녁 식사를 하고 밤 10시경 호텔에 돌아왔다. 그런데 낮에 보았던 Y가 내 방 앞에 쪼그리고 앉아 있었다. 아뿔싸, 정신이 없어 약속을 잊어버렸던 것이다.

당시 필자는 그가 1인 기업 사장이고 오더도 불가능해 보여 큰 관심을 두지 않았을 것이다. 어쨌든 약속을 깼으니, 미안했다. 우선 사과부터 하고 용건을 물었다.

Y는 아시아에서 수입할 계획을 가지고 있다며, 도와 달라고 부탁했다. 정말 답답한 부탁이었다. 무엇을 어떻게 해 달라는 구체적 내용이 없었고, 무작정 도와달라는 식이었다.

이런 부탁을 위해 4시간이나 기다렸다니, 한편 안쓰러웠고 다른 한편으로 피곤이 몰려왔다.

이후 Y는 지속적으로 팩스나 전화로 한국이나 중국에서 구매할 때 필요한 사항 등을 요청했다. 가방 완제품이나, 의류 액세서리 등 아이템도 다양했다.

필자는 직접 공장을 소개하여 주었다. 중국에서 중위권 이상이 되는 우수한 기업을 연결시켜 주었고, 게다가 외상으로 수입할 수 있도록 조치했다.

그렇게 10여 년을 도와주었다. 그 덕분인지, Y는 베네수엘라에서 정말 대단하고 굉장한 기업을 만들었다. 그리고 그 나라에서 자가용 비행기까지 소유한, 랭킹에 드는 재벌이 되었다.

Y가 사업을 시작할 때인 2000년대는 베네수엘라의 최대 호황기였다. 그의 사업이 안정기에 접어들 무렵은 베네수엘라에 위기가 닥쳐오기 시작한

시기이기도 하였다. 나라 자체의 위기는 있었지만, 기업가들은 부의 창출에 유리한 상황이 전개되는 베네수엘라만의 특이한 상황도 연출되고 있었다.

사업이 어려워져 Y에게 도움을 청하다

Y가 승승장구하는 동안 나의 상황은 악화일로였다. 부채가 50억 원을 넘어섰고, 이는 내가 감당할 수 있는 한계점에 도달했다는 뜻이기도 했다.

위기 탈출을 위하여 베네수엘라에 출장을 갔다. 나의 성격상 타인의 도움을 받는 것이 무척 싫었고 도움을 청하기가 죽기보다 싫었지만, 방법이 없었다. 결국 저녁 식사를 하면서 Y에게 처음이자 마지막으로 하나 부탁을 한다며 말을 꺼냈다.

그는 걱정하지 말라고 했다. 내가 10여 년 동안 자기를 도와주었던 것을

【일러스트=아이클릭아트 제공】

잊지 않고 있다며, 우정을 드러냈다.

필자가 술기운을 빌어, 앞으로 회사의 존속이 불가능하게 되어 찾아왔다고 하니, 그는 현재 부채가 얼마인지를 물었다. 그래서 솔직하게 50억 원 가량 된다고 했다.

Y는 무표정하게(그렇게 느껴졌다) 잘 알았다고 하면서, 자기가 방법을 찾아 연락을 주겠다고 했다. 그러면서 편히 지내다가 귀국하라고 하였는데, 나로서는 '역시 안 되는 구나'하는 생각이 들었다. 중남미 사람들은 거절을 잘하지 못해 그냥 체면상 문제없다고 말을 하고 넘어가는가 보다 했다.

그런데 귀국 후 Y로부터 전화가 왔다. 필자를 위해 발주할 것을 준비했다는 것이다. 인조피혁 40피트짜리 컨테이너 195개 규모의 물량이었다. 이윤을 계산하여 보니 공교롭게도 대략 50억 원 정도가 나왔다.

하지만 막상 생산하려고 하니 이 막대한 오더를 수행하기 위한 생산비용이 없었다. 다시 Y에게 전화를 걸어 50% 정도의 선금을 요청했고 Y가 곧바로 송금해줘서 생산에 들어갈 수 있었다.

그런데 또 다른 문제가 생겼다. 우리 회사의 중국 공장에서 생산하여 저장성 닝보항을 통해 통관하려고 했는데, 갑작스레 대단위 물동량이 움직이는 것이 수상하다며, 중국 해관(세관)이 이를 문제 삼은 것이다.

이렇게 큰 규모의 수출을 대기업도 한 번에 하기 어려운데 밀수나 기타 문제일 것으로 판단해 조사한다고 했다. 결국, 전수조사까지 진행됐다. 피 말리는 검사가 끝나고 마침내 출항이 이뤄졌다.

이제는 다른 세상을 살겠구나 싶은 생각이 들었다. 어찌 되었든 2000년 창업 때부터 2007년까지 주렁주렁 매달린 부채를 모두 털어냈다. 그리고 현재까지 회사는 적자 없이 잘 굴러가고 있다. Y의 도움과 노고에 고마울 따름이다.

'적선지가 필유여경(積善之家 必有餘慶)'의 진리

나중에 어떻게 그렇게 큰 오더를 발주할 수 있었느냐고 Y에게 물어보니, 베네수엘라의 외환정책 때문이라고 하였다. 수입자 증빙이 있으면 은행에서 1달러를 7페소 정도에 구매하여 사용할 수 있지만, 그런 증빙이 없으면 블랙마켓에서 14페소가 소요되니 많은 발주가 필요한 것이었다. 구매가 많으면 제품의 이윤보다 환차익이 큰 상황이었던 것이다.

Y는 수입으로 상상을 초월한 많은 이윤을 챙겼으며 그 이후 미국에 이민 가서 행복한 인생을 살고 있다.

Y는 아마 '적선지가 필유여경(積善之家 必有餘慶)'을 많이 실천한 사람임에 틀림이 없을 것이다. '선을 많이 베푸는 집안에는 반드시 좋은 일이 있다'는 뜻이다. 집 가(家)를 단체 사(社)로 바꾸면 '적산지사 필유여경(積善之社 必有餘慶, 좋은 일을 많이 베푸는 회사에는 반드시 경사스러운 일이 있다)이 된다.

중남미 · 아프리카 시장을 목표로 삼게 된 계기

이 일이 있었던 이후 필자는 경영하는 방식을 모두 바꾸었다. 다시는 이런 어려운 환경에 놓이지 않도록 나름의 계획을 세웠는데, 하나는 '남들이 하기 어려운 시장 개척하기'이고 다른 하나는 '매일 회사의 회계 끝전 확인하기'이다.

창업 이후 2007년까지 고전했던 이유 중 가장 큰 것은 크게 믿는 바이어와 일부 시장에만 의지하여 회사를 시작한 것이었다. 포트폴리오 시장도 없이, 믿고 있는 시장에서 발주만 기다리는 회사는, 천수답(天水畓) 구조를 가지고 농사를 짓는 것과 동일할 것이다.

그래서 기존의 아시아 시장과 중동 시장을 제외하고, 위기관리와 미래를 위하여 중남미 시장과 아프리카 시장진출을 목표로 하였다.

회계에서도 한국과 중국회사 시스템을 바꾸어 매일 일일정산 하여 보고하게끔 함으로써 회사 대표인 내가 현금흐름을 잊지 않도록 하였다. 또한, 구매자로부터 결제의 문제가 없는지, 바이어로부터 대금회수가 원활한지 매일 저녁에 확인하니 문제가 없어졌다.

어렵게 만든 기회를 놓치고 싶지 않았고, 기회를 잘 이용하여 좀 더 강건한 회사를 만들고자 하였다. 지금도 그 생각은 변화가 없다. 훌륭한 리더는 위험을 감수하고 그 일이 진전되도록 불퇴의 정신을 가져야 한다고 매번 되새긴다. 세상사 역경에 빠진 적이 없는데도 불구하고 성공한 사람은 결코 없다고 한다. 그리고 누구에게나 공평하고, 기회를 준다고 생각한다.

04

칠레의 기적

태평양을 마주하고 있는 칠레의 발파라이소(Valparaiso) 항구. 발파라이소는 칠레 발파라이소주(州)의 주도(州都)로 산티아고의 북서쪽 약 190km 지점에 있으며 남아메리카 제1의 무역항이다. 한국의 정반대 쪽 나라의 끝에 붙어 있는 이 항구는 파나마운하가 없었을 때 최고의 번영을 누렸다고 한다.

칠레 중부에 위치한 산티아고(Santiago). 이 나라의 수도이며 1541년 도시가 건설된 이래 칠레의 정치, 산업, 문화 중심지가 되었다. 멀리 안데스 산맥에는 언제나 하얀 눈이 쌓여 있지만, 이 도시는 뿌연 매연이 그 산맥에 가로막혀 상공에 도넛 형상의 잿빛 연무에 덮여 있다. 어쨌든 이 도시는 동양의 도시들과는 완전히 다른 느낌이다.

칠레 도시들을 돌며 무엇인가 찾아 헤매던 시절

2007년 나는 칠레에서 이 두 도시를 돌며 무엇인가를 찾아 헤맸다. 앞장에서 소개한 대로 베네수엘라 바이어 덕분에 회사의 채무는 탕감했으니, 이제 새로운 도전을 모색할 때가 된 것이다.

회사는 마케팅을 포함해 전반적인 경쟁요소들을 업그레이드해야 했다. 나 또한 어떠한 방식으로 바이어를 찾고 목표를 성취할 것인가 하는 질문을 가슴에 품었다.

하지만 이에 대한 명확한 답을 찾지 못한 채 답답한 마음으로 우선 중남미 시장에 도전하기로 했다. 그 시작이 칠레였다.

마쓰시타전기(현 파나소닉)를 창업한 마쓰시타 고노스케가 했다는 "피 오줌을 눈 적이 없다면 성공한 경영자가 될 수 없다"는 말을 떠올리며 각오를 다졌다.

회사든 국가든 위기는 동일한 측면이 있다는 생각을 한다. 회사가 어려워지면 떠나는 직원이 발생하고 분위기도 좋지 않게 된다. 강력한 리더십이 발휘되지 않으면 파산의 길로 가는 것이다. 국가 역시 마찬가지다.

이 무렵 나는 나의 회사가 한국전쟁 때 고립무원 낙동강 전선에 몰려 있던 한국의 신세와 같다는 생각이 들었다.

언젠가 한국전쟁 사료를 보다가 놀라운 내용을 본 적이 있다. 최후의 방어선인 낙동강을 사이에 두고 부산에서는 무슨 일이 있었는가 하는 내용이 었는데, 고위 정치가와 실력자들이 일본으로 피신하는 배를 구하려 동분서주하였다는 게 골자였다.

한국전쟁 참전군인인 김홍일 장군이나 김익렬 대령의 증언을 살펴보면,

수많은 국회의원과 일부 장교들까지 제주도나 일본으로 도피를 시도했다는데, 놀라울 따름이다. 오늘의 대한민국이 하루아침에 세워지지는 않았다는 생각과 국가를 위하여 노력한 수많은 국군과 국민들, 그리고 유엔군들에게 다시 한 번 감사해야 한다는 자각이 든다.

3개월에 한 번씩 칠레 출장을 갔던 열정

어쨌든, 당시 나는 칠레시장을 공략하기 위하여 3개월에 한 번씩 출장을 갔다. 그리고 한 번 출장을 갈 때마다 10곳 이상의 잠재 거래처를 방문했다.

예상하긴 했으나, 역시 초기에는 결과가 없었다. 하지만 시간이 지나면서 조금씩 반응이 나오기 시작했다.

인천에서 산티아고까지 30시간 정도가 걸리는데, 호텔에 도착하면 대략 아침 5시경이다. 쉬지 않고 샤워와 식사만 하고 바로 업무를 시작하였다. 지금 생각해 보면 몹시 피곤했을 텐데, 그 당시에는 열정이 강했던 것 같다.

어찌 되었든 강행군을 한 지 2년여가 되니 조금씩 오더수주가 이뤄졌다. 그 당시 칠레시장은 중국산 소파용 인조피혁이 100% 점유하고 있어, 가능성이 없어 보였던 상황이라 고무적으로 생각하였다.

몸으로 직접 부딪히며 배운 중남미 문화

당시 나를 보조해준 이는 칠레지사의 카를로스였는데, 그의 역할도 빼먹을 수 없다. 나와 같이 시장 개척을 위해 뛰어다녔는데, 사람은 좋으나 형편없는 영어 실력에 너무 느긋한 성격의 소유자였고 때로 지나치게 부드러워 나를 답답하게 만들었다.

칠레 안데스 산맥에 위치한 골프장에서 이제는 친구가 된 바이어들과 함께.

어느 날 칠레에서 가장 큰 바이어가 어느 회사냐고 그에게 물었다. I사라는 대답이 돌아왔다. 나는 당장 I사로 가자고 했다.

하지만 카를로스는 나에게 바이어를 만나려면 다음과 같은 에티켓을 지켜야 한다며 손사래를 쳤다.

첫째, 최소 열흘 전에 약속을 잡는다. 둘째, 약속했어도 하루나 이틀 전에 전화로 방문일정에 대해 다시 알려주어야 한다. 셋째, 당일에도 방문 한 시간 전에 전화로 방문 예정임을 통보해야 한다.

그의 우유부단과 수비적인 영업 방식에 화가 났다. 그의 손을 잡아끌며 지금 당장 가자고 했다. 하지만 그는 자기의 말을 들어야 한다며 물러서지 않았다. 중남미 나라들의 오래된 문화이고 꼭 지켜야 일을 할 수 있다고 하니, 나도 결국 방문을 포기했다.

그리고 2개월 후 다시 출장을 와서 I사의 빅바이어를 만날 수 있었다. 기다린 보람이 있었는지, 바이어는 생각보다 '큰손'이었고 화끈한 결정권자였다.

하지만 그 역시 칠레인이라 나름의 비즈니스 문화의 수칙을 고수했는데, 이를 따르는 것이 매우 힘들었다. 낚시에 비유하기가 민망하지만, 바이어는 초기에 '입질'만 계속했다.

이렇게 3년이 지나서야 오더를 시작하였는데, 다행히 결과가 매우 좋았다. 시작은 어려웠지만 바이어의 니즈를 이해하고 그들의 요구사항을 하나씩 맞추고 해결하다 보니 시나브로 파트너가 된 것이다.

남미시장 점유율 1위로 올라서다

결국 나의 회사는 칠레는 물론 남미시장에서 점유율 1위로 올라섰다. 1년에 10만 달러에도 못 미치던 수출이 50배나 늘어나는 경험을 했으니 대단한 일이었다.

나는 칠레 바이어들과 더 친해지고 싶어 저녁 식사 자리를 만들려고 애썼다. 하지만 저녁 식사 얘기를 꺼내면 칠레 바이어들은 자기네들의 문화라며 자꾸 점심으로 돌렸다.

아시아권의 비즈니스에서 만찬이 중요하다는 사실을 경험으로 알고 있었는데, 중남미에서도 이게 통할 거라고 잘못 생각했던 것이었다. 나는 그들의 오랜 문화와 전통에 무지했고, 아시아적 생각을 가지고 이들에게 접근하는 우를 범했다.

그래도 만날 때마다 저녁 식사 요청을 했더니, 어느 정도 시간이 흐르자 자연스레 자리가 마련됐다. 특히 그들을 한국 식당에 초대해 한국 음식을 대접했더니 매우 좋아했고, 결국 시간이 걸리긴 했지만 하나하나 친밀한 유대관계를 맺게 되었다.

I사와의 거래는 시작은 매우 힘들고 또 미약했지만, 그 끝은 창대했다. 연간 500만 달러 이상의 수출이 성사되고 나니, 새삼스레 중남미 시장의 중요성을 자각하게 됐다.

경쟁사들은 여전히 중남미 거래가 매우 위험하고, 외상거래가 많고, 신용도가 안 좋다고 했지만, 내 판단은 달랐다. 단점이야 항상, 그리고 어디에나 존재하는 법이다.

중남미 시장은 특성상 한 번 거래가 잘 이뤄지면 장기적으로 이어지는 경우가 많았다. 결국 나는 그 블루오션을 잡았다.

'정(情)'이 있는 중남미 사람들

시간이 지나면서 중남미인들 또한 한국인들과 같이 '정(情)'이 있다는 것도 깨달았다.

심지어 거래할 때 제품에 대한 문제가 발생하게 되면 북미권 바이어들은 정확히 따지고 클레임을 걸지만, 중남미에서는 좋은 유대관계를 가지고 있을 경우 이해하고 넘어가는 경우가 많다.

어떻게 보면 중남미는 중소기업들이 수출을 시작할 때 도전하기 좋은 시장이라는 생각이 든다.

나에게 그 당시는 새로운 먹을거리를 찾아야 하는 중요한 시기였는데, 칠레에서 성공을 경험한 이후 회사의 주력 수출시장을 중남미로 정하기로 마음먹었다. 실제로 그 이후에는 중남미 대다수의 나라들과 거래를 트는 데 성공했다. 베네수엘라와 페루에 이어 브라질, 아르헨티나, 파나마, 볼리비아, 에콰도르, 도미니카공화국, 과테말라, 우루과이, 파라과이, 코스타리카 등을 종횡무진 누볐다.

　나름 성공은 했지만, 새로운 시장을 확보한다는 것이 쉬운 일은 아닌 것 같다. 그 성공을 위해 지금까지 중남미를 30여 차례 방문해야 했으니 말이다. 하지만 삶이나 비즈니스에서 쉬운 것이 어디 하나라도 있겠는가.

05

코로나 시대의 기회

코로나19라는 생소한 바이러스가 우리 앞에 처음 등장한 것은 2020년 1월이었다. 필자는 2019년 12월 중국 출장에 이어 2020년 1월 초 베트남 출장을 다녀왔다. 그것이 해외출장의 엔딩이 될 줄을 당시엔 몰랐다.

처음에 몇 개월이면 끝날 것으로 믿었던 코로나19 팬데믹은 2022년 말 기준 만 3년째 지속되고 있다. 많은 나라들의 규제는 다소 완화되었지만, 언제 끝날지 아무도 예상을 못하는 실로 기괴한 질병이다. 이로 인해 소상공인을 비롯해 많은 분들이 큰 어려움을 겪고 있어 매우 안타깝다.

'사스' 때문에 일어난 중국공장 파업 사태

필자의 회사는 2000년 창업 이후 이번 코로나 팬데믹과 비슷한 상황을 몇 차례 겪었고, 그때마다 그 소용돌이의 한 가운데에 있었다. 첫 번째는

2002년 홍콩에서 시작된 사스(Severe Acute Respiratory Syndrome, 중증 급성호흡기증후군)였다.

사스는 사스-코로나 바이러스(SARS coronavirus, SARS-CoV)가 인간의 호흡기를 침범하여 발생하는 질병인데, 2002년 11월에서 2003년 7월까지 유행하여 8096명의 감염자가 발생하고 774명이 사망했다.

당시 필자는 중국에서 현지공장을 운영하고 있었는데, 사스로 인해 내분이 발생했다. 현지법인장이 홍콩 사람이고 홍콩에서 사스가 출현했다는 이유로 중국 직원들이 법인장의 퇴사를 요구하고 파업까지 한 것이다. 그 법인장은 홍콩을 자주 왕래하지 않았고 휴가를 다녀왔을 뿐이다. 그만큼 직원들의 사스에 대한 두려움이 컸다.

즉시 중국인 직원들에게 사스의 특성을 설명하고 반복해 설득하는 한편 안전 근무수칙을 만들어 시행했다. 결국 사태는 안정되었지만, 사업 초기에 여러모로 어려운 상황에서 발생한 일이어서 당황했던 기억이 있다.

사스는 당시 한국에서는 큰 문제가 없었지만 중국에서는 현지에서 근무하던 외국인들이 대부분 본국으로 철수할 정도로 심각했다. 필자도 고민이 되었지만 중국에서 계속 체류하기로 결정했는데, 다행히 사스가 빠른 시일 내에 종료됐고 회사도 큰 파고 없이 잘 넘어갔다.

서아프리카에 출장 갔는데 그곳에서 '에볼라' 발생

두 번째는 2014년 발생한 에볼라 출혈열(ebola hemorrhagic fever)이다. 그 해에 필자는 서아프리카 시장 진출을 위해 현지 출장을 많이 다녔는데, 바로 그곳에서 에볼라가 발생했다. 에볼라 바이러스는 급성 열성감염을 일

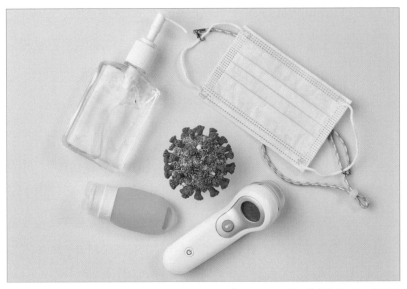

필자의 회사는 최근 2년 새 많은 바이어를 잃었지만, 그보다 배 이상 많은 바이어들을 새로 얻었다. 대면마케팅 대신 화상미팅과 이메일에 의존해 신규거래선을 확보해야 하는 상황에 빨리 적응한 덕분이다. 필자는 코로나 팬데믹 기간 중 마스크를 비롯한 방역용품을 수출할 수 있었다.
【이미지=아이클릭아트 제공】

으키는 바이러스로 사망률이 약 60%에 이르는 중증 감염병이다.

많은 에너지를 쏟아 부어 아프리카 동쪽에서 서쪽 지역으로 의욕적으로 진출하던 상황이라 절망이 컸다. 어느 정도 결과가 보이던 시점에서 어쩔 수 없이 시장 진출을 중단해야 했다.

이는 중소기업 입장에서 엄청난 비용의 낭비로 귀결됐다. 필자는 나이지리아, 가나, 앙골라, 코트디부아르, 콩고 등을 공략 중이었는데 당시만 해도 중국기업들과 경쟁하여 시장 선점을 다툴 수 있었지만, 현재의 서아프리카는 상황이 또 바뀌어 아쉬움이 진하게 남는다.

에볼라가 종식될 무렵인 2015년에는 메르스(MERS, 중동호흡기증후군)가 발생했다. 필자의 회사는 중동에 오랜 기간 수출해 왔지만, 다행히 앞선 두 개의 바이러스와 달리 큰 영향이 없었다. 또 필자는 중동 출장이 많이 불편하여 자주 가지 않았기 때문에, 출장을 가지 못하는 불편도 없었다.

코로나19 초기 아프리카에서 밀려온 방역용품 주문

그리고 약 5년이 지나 발생한 것이 지금 우리가 겪고 있는 코로나 바이러스(COVID19)다. 팬데믹이 이렇게 길어질 줄은 몰랐지만, 몇 차례 바이러스로 인한 어려움을 겪었기에 코로나 발생 초기부터 걱정이 태산처럼 밀려왔다. 위기를 감지했는데 이를 극복할 마땅한 아이디어가 떠오르지가 않았다.

그러던 중 2020년 3월 말부터 아프리카에서 연락이 빗발쳤다. 마스크와 기타 방역제품을 공급해 달라는 것이었다. 그러나 당시 한국은 마스크 및 기타 방역제품에 대해 수출이 금지된 상황이었고 알코올 종류도 수출이 불가능했다. 방법을 찾아야 했다. 중국에 확인해보니 해당 물품의 수출이 가능했다.

중국 현지 직원에게 해당 방역제품들을 찾아 구매하도록 독려해 현지에서 항공화물로 아프리카에 보냈는데 그 물량이 자못 많았다.

또한 공업용 알코올이 부족한 나라에는 식용 알코올 등을 구매해 선적했고 생산기반이 부족한 나라에는 방역복과 마스크, 관련 원부자재들을 수출했다. 그 결과 팬데믹 2년 동안 매출이 계속 상승해 코로나 이전보다 신장됐다.

올해(2022년)에는 최근 5년간 가장 좋은 실적이 나올 것으로 기대된다. 중국 현지법인도 더욱 탄탄한 상황으로 나아가고 있다. 겁을 먹고 움직이지 않았다면 불가능했을 터인데 하고자 하는 의욕이 또 다른 길을 만든 것이다.

오랜 시간 바이어들과 쌓아온 친분 덕분

코로나19 발생 초기 회사의 주력제품이 아닌 제품으로 수출 기회를 잡을 수 있던 것은 아프리카나 중남미에서 20여 년간 투자를 한 결과이기도 하다. 오랜 세월 발품을 팔고 비용을 들여 바이어들과 친분을 쌓아 왔기에 고급 비즈니스 정보와 기회를 얻을 수 있었다.

그런 과정 없이 단순 수출만 해 왔다면 불가능했을 일이다. 다른 측면에서 보면, 급작스러운 기회였지만 직원들의 빠른 대응과 노고로 결실을 가져올 수 있었다는 점을 꼽지 않을 수 없다. 또 20여 년간 유지해온 중국 현지 법인의 활용도 좋은 소득이었다.

2021년부터 심화된 해상 및 항공 운송비의 폭등과 선박 예약 어려움도 중국을 활용해 피해를 줄일 수 있었다. 한국에서 컨테이너 예약이 힘들면 중국에서 생산하여 수출하고, 그 반대로 중국이 어려우면 한국에서 수출할 수 있는 장점을 살려 언제든 공급 가능한 회사로 탈바꿈했다.

예를 들어, 유화 관련 완제품의 경우 대다수 아시아 경쟁자들이 북미시장에 집중하고 있어 극심한 물류난으로 애로를 겪었지만, 필자의 회사는 다양한 지역으로 포트폴리오가 구성되어 있어 수출지연이 많지 않았다.

필자는 22년 동안 많은 시장에 도전했지만 진출에 실패한 나라들이 몇 군데 있었다. 북미지역, 오세아니아지역, 인도 등이었다. 이 지역과 나라들은 매우 까다롭고, 복잡하고, 경쟁이 치열해 관망하거나 뒤로 미루고 있었는데, 코로나 팬데믹 시기에 전열을 가다듬어 모두 수출에 성공했다. 필생의 목표였는데 갑작스레 이루어지니 허전한 마음이 들 정도다.

코로나19로 잃은 바이어의 배 이상 새로 얻어

코로나 팬데믹 2년 동안 느낀 점 중 하나는 체력이 약한 바이어는 몰락의 길로 가고, 힘이 좋은 바이어들은 기회를 잡아 성장의 길로 간다는 것이다.

필자의 회사는 최근 2년 새 많은 바이어를 잃었지만, 그보다 배 이상 많은 바이어들을 새로 얻었다. 대면마케팅 대신 화상미팅과 이메일에 의존해 신규거래선을 확보해야 하는 상황에 빨리 적응한 셈인데, 업무속도가 빠르고 기초체력이 탄탄한 기업에게는 이런 상황이 기회가 될 수 있는 것이다.

세상이 바뀌었는데도 생각이 바뀌지 않는 것을 '인순고식(因循姑息)'이라고 한다. 그러다가 문제가 발생하면 그때 정면 돌파할 생각을 하지 않고, 대강 없었던 일로 얼렁뚱땅 넘어가려고 하는데 그것을 '구차미봉(苟且彌縫)'이라고 한다.

코로나 팬데믹 같은 특별한 시기에는 얼마나 잘 준비하고 빨리 행동을 취하느냐에 따라 승부가 결정된다. 이제 중소기업들도 수출 성공을 위해 자금력과 정보력으로 무장해야 하는 시대가 되었는지도 모른다.

어떠한 역경도 하나씩 헤쳐 나가야

마수취안(馬樹全)의 '위기십결(圍棋十訣)' 중 일곱 번째에 '신물경속(愼勿輕速)'이라는 말이 있다. 경솔하지 말고 신중하게 행동하라는 뜻이다. 원래의 의미는 바둑을 둘 때 한 수 한 수 숙고하며 두어야 한다는 뜻이다.

기업 경영도 마찬가지다. 어떠한 역경도 하나씩 헤쳐 나가야 하는 지혜를 찾아야 한다.

사스, 에볼라, 메르스, 코로나 등을 거치면서 필자의 회사는 백신을 맞은

듯 나름 내성을 기른 것 같다. 그리고 그것은 그 자체로 좋은 자산이 됐다.

회사나 개인이나 시간은 되돌릴 수 없다. 도연명의 '성년부중래 일일난 재신(盛年不重來一日難再晨, 청춘은 다시 오지 않고 하루는 두 번 오지 않는다)'이라는 말처럼 오늘 흘러간 시간은 다시 오지 않는다.

1939년 독일의 무차별 공습으로 공포에 시달리던 영국 국민들에게 윈스턴 처칠은 이런 말을 했다고 한다. "침착하게 하던 일을 계속 하십시오 (Keep calm & carry on)." 지금 우리에게 필요한 말이 아닌가 싶다.

06

북미시장의 중요성

필자는 미국을 50여 차례 방문했다. 하지만 필자에게 미국을 이해하는 일은 다른 어떤 나라들을 이해하는 것보다 어려웠다.

미국은 세계에서 가장 역동적이며 유일한 초강대국이다. 기축통화인 달러화의 발행국이고 인터넷과 벤처기업, 우주개발, 할리우드로 대표되는 문화산업, 막강한 군사력 등을 앞세워 세계를 이끌어 가고 있다. 끊임없이 외부에서 유입되는 풍부한 인구와 다양한 인종도 이 나라를 역동적으로 만들고 있다.

개인주의 · 비형식적 · 경쟁적 · 직선적

미국인들은 개인주의가 강하며, 비형식적이다. 또한 경쟁적이며 직선적인 성향을 보인다. 성취 욕구가 매우 강하며 시간 개념이 확실하다. 협동적이며 정열적인 면도 있다. 침묵은 그들에게 부정의 표시로 인식된다. 대체로 개방적이며 설명하기를 좋아한다. 대화할 때는 조용한 대화보다는 유머와 함께 편안하고 동적인 대화를 즐긴다.

비즈니스 측면에서 미국은 무서운 나라다. 세계에서 변호사를 가장 많이 보유하고 있다. 이 나라 사람들은 준법정신이 강하다. 계약에 부합하지 않거나 법과 규칙에 어긋나면 고발한다. 그래서 철저한 준비 없이 미국시장에 도전하는 것은 매우 위험하다.

만약 미국에 수출을 계획하고 있다면, 품질과 납기에 대해 어느 정도 완벽하게 준비해야 한다. 단순하게 '이 정도면 문제가 없을 것 같다'는 생각으로 진입하기에는 위험 요소가 많다.

북미시장 진출 도전했다 실패

필자는 20여 년 전에 북미시장에 진출하려다 크게 고생한 적이 있다. 용감하게 북미시장 개척에 나섰고 창업 2년차에 대형 바이어를 만나 바로 수출이 이루어졌다. 아마 이 바이어와 아무 문제가 없었다면 회사의 미래도 많이 바뀌었을 것이다. 그 정도로 중요한 바이어였다.

하지만 필자의 회사는 바이어가 원하는 품질을 맞추지 못했다. 이미 출고되어 바이어 창고에 들어간 제품에 대해서는 모두 배상해야 했고, 오더가 취소되는 바람에 한국 공장에 쌓여 있던 제품은 모두 아프리카에 저가로 판매했다. 이로 인한 손실은 사업 초기 중소기업이 감당하기 어려울 정도였고 그 영향은 이후 몇 년 동안 지속되었다.

이때의 경험은 북미시장에 대한 두려움으로 바뀌어 필자의 회사는 오랫

동안 이 시장에 감히 도전장을 내지 못했다. 회사와 제품 모두 완벽한 실력이 필요하고 직원들 또한 프로페셔널이 되어야 한다는 생각이 들었다.

최고의 시장에서 운(運)이라는 것은 기대하지 말라고 하고 싶다. 경쟁이 치열한 시장에서 가격과 품질 경쟁력을 갖추지 못하면 바로 퇴출당하기 때문이다.

순탄하지만은 않았던 재도전 과정

오랜 세월이 흐른 후 이제 필자의 회사도 미국시장에서 치욕은 당하지 않겠다는 생각이 드는 시점이 왔다. 2018년부터 시장 진출에 대한 계획을 수립하고 실행에 옮겼다.

미국 뉴욕 타임스퀘어. 미국은 전 세계 인종이 모두 모여 있는 곳이다. 그러한 이유로 다양한 문화가 존재한다. 다분히 융합적인 면도 있으나 인종 특성도 존재하므로 비즈니스를 할 때 상대방에 대한 파악은 매우 중요하다. 【이미지=아이클릭아트 제공】

미국시장에 도전한지 얼마 되지 않아 코로나19라는 의외의 상황이 발생했다. 이로 인하여 마케팅 계획에 차질이 빚어졌다. 하지만 이런저런 노력 끝에 불가능할 것 같던 이 시장도 조금씩 열리기 시작했다.

그렇다고 순탄한 것만은 아니었다. 제품을 출고하고 얼마 지나지 않아 바이어로부터 필자 회사의 제품에 대해 '사용 불가'라는 연락을 받았다. 정말 북미시장은 불가능한 것인가 하는 생각이 들었지만, '50% 손해배상'과 함께 진솔한 사과를 하며 위기를 넘겼다.

이후로는 별 문제없이 지금까지 지속적으로 수출을 진행할 수 있었다. 현재 필자 회사의 매출에서 미국시장이 차지하는 비중은 30%나 된다. 포트폴리오 차원에서 한층 안정적인 경영이 가능해진 것이다.

2022년 하반기 들어서는 매주 북미 바이어들이 방한해 매우 바쁜 시간을 보내고 있다. 미주시장은 필자의 글로벌 비즈니스에서 '화룡점정(畫龍點睛)'의 마지막 시장인 셈이니, 감회가 깊다. 도전에 실패했던 시장이 20여 년 만에 다시 열린 것이다.

조급성 버리고 더 철저히 준비하라

필자에게 중남미나 아프리카는 손쉬운 시장이었지만, 북미는 모든 능력의 시험장인 것 같아 항상 긴장감이 앞선다. 크리스찬 베일 주연의 '레스큐 던(Rescue Dawn)'이라는 영화가 생각난다.

베트남 전쟁에서 전투기 피격으로 적진 깊숙한 정글에 추락한 미군 조종사가 베트콩의 갖은 고문과 여러 어려움 속에서도 살아 돌아오는 영화인데, 새로운 시장 개척하기가 적진에 포로가 되었다가 살아남는 것과 차이가 없다는 생각이 들 정도다. 목숨(열정)을 걸지 않으면 살아남을 수 없다는 점에서 그렇다.

주인공의 마지막 대사가 생각난다. 무사히 탈출에 성공한 후 동료들이 어떻게 이런 어려움을 극복하고 복귀할 수 있었는지 묻는다. 그는 "꽉 찬 것은 비우고, 비워진 것은 채우면 된다"는 말로 최악의 상황에서 버티면서 살아남은 소회를 담담히 밝혔다.

시사하는 바가 많은 소감이다. 목표가 분명해도 때로는 조급성을 버리고, 여유를 가지고, 더 철저히 준비하여 실행하는 것이 좋은 결과를 만드는 것이다.

비즈니스도 마찬가지다. 열정만으로 모든 것을 가득 채울 수 없다. 기업이 새로운 시장에 도전하려면 사전에 준비해야 할 것들이 많다.

특히 북미시장은 여러모로 까다로우며 품질에 대한 요구 수준도 높다. 이에 대한 자신이 없다면 먼저 동남아 시장이나 중남미 시장에 진입해 어느 정도 경험을 쌓고 시스템을 만들 필요가 있다. 이후 어느 정도 완벽한 상태에서 미국시장 진입을 시도하는 것이 좋다. 북미시장은 무역사기도 빈번해 바이어를 잘 이해하고 다룰 수 있는 능력을 갖춘 후 시작하는 것이 좋다.

미국은 규모의 경제를 실현하는 시장이므로 준비해야 할 부분이 많다. 그 중 가장 중요한 것은 자금력이다. 납기일 준수가 필수인 미국시장에서 원자재가 미리 준비되어 있지 않으면 문제가 발생할 수 있다. 대강 넘어 갈 수 있다는 생각은 버려야 한다. 납기 클레임이 발생하면 큰 손실로 발전하기 때문이다.

또한 대규모 오더가 나올 수도 있기 때문에 여유 있는 자금준비가 필요하다. 필자의 경험상 먼 거리 바이어들은 대금지급 방식에서 선금 30% 정도는 미리 지급하지만, 출고 후 70% 잔금은 물건이 항구에 입항하기 직전에 송금하는 경우가 많다. 이 과정에 대략 30일 정도가 필요한데 이에 따른 자금 여유자금도 꼭 확보해 두어야 한다.

다양한 인종만큼 비즈니스 문화도 차이

미국은 전 세계 인종이 모두 모여 있는 곳이다. 그러한 이유로 다양한 문화가 존재한다. 다분히 융합적인 면도 있으나 인종 특성도 존재하므로 비즈니스를 할 때 상대방에 대한 파악은 매우 중요하다.

필자가 오랫동안 궁금했던 것은 미국에 거주하는 이주민들의 문화적 특성이다. 미국에서 30여 년 이상 거주한 이주민이 미국인인 것처럼 행동하고 언어를 구사하지만, 실제 그들이 비즈니스에서 어떤 성향을 보일 것인가 하는 문제이다.

필자가 만난 사람들은 남미계가 많고, 중국인, 한국인, 유럽 및 아프리카에서 이주하여 온 사람들도 있다. 그런데 이들은 비즈니스 협상에서 전통적인 미국인들과는 큰 차이를 보이고 있다. 이들은 자신들의 부모 혹은 부모의 모국에서 물려준 문화적 특성이나 관습에 따른 협상 태도를 보였다. 그러므로 미국인들과 협상을 할 때에는 그가 어디 출신인지 살펴보는 것도 매우 중요한 요소다. 남미 출신은 남미인들과 차이가 없고, 한국인들도 마찬가지다.

구매력이 매우 큰 매력적인 이 거대시장은 그만큼 정복하기가 힘든 시장이다. 그러나 불가능한 것도 아니다. 충분한 준비와 적극적인 의지만 있다면 말이다.

일본 오사카에 있는 장대하고 아름다운 오사카성을 가 본 독자들도 많을 것이다. 그런데 이런 대규모의 성곽이 1583년에 공사를 시작하여 1년 반 만에 축조되었다고 한다. 현대에서도 그런 성을 축조하려면 다분히 수년을 걸릴 대공사를 어떻게 짧은 시간에 완공하였을까? 그것은 오사카성을 축조한 이들이 빨리 완공하지 못하면 죽을 수도 있다는 절체절명에 몰렸기 때문이다.

코로나19 시대에 기업들이 처한 어려운 상황이 오사카성을 축조한 이들의 그것과 큰 차이가 없을 것이라면 과한 비유일까. 열정은 새로운 결과를 만든다. 북미시장이 아무리 어렵다한들 난공불락은 아닌 것이다.

07

내 삶을 옥구슬로 꿰어준 조력자들

어떤 사람이라도 다른 누군가의 도움 없이 홀로 삶을 헤쳐 나갈 수 없을 것이다. 필자 역시 지금까지 많은 사람들의 부축과 위안 속에서 살아왔다.

우선 꼽아야 삶의 조력자는 어머니다. 필자의 어머니는 40세에 홀로 되신 후 4남 1녀의 양육과 교육을 위해 헌신하셨다. 척박한 시골에서 농사만으로 자식들을 키우기란 매우 어려운 일이다. 하지만 어머니는 포기하지 않으셨고 자녀들이 올바르게 인생을 살아갈 수 있도록 최선을 다하셨다.

'일하는 것이 쉬는 것이고…' 가르침

오래전 필자가 시골에 있을 때의 일이다. 여름이어서 저녁 해가 많이 길어졌다. 밭일을 늦게까지 할 수 있다는 뜻이다. 하루는 어머니께서 보름달이 환하다고 하시면서 산속에 있는 밭에서 밤 10시가 되도록 김매기(잡초제거)를 계속하셨다. 같이 일하던 필자는 "너무 늦었으니 인제 그만 집에 가자"고 성화를 부렸다. 그러나 어머니는 요지부동이었다. 남은 밭일을 모두 마치고 나서야 귀가하셨다.

귀갓길에 어머니께 짜증을 담아 "무서운 밤에 이렇게 늦게까지 일하시는 이유가 무엇이냐"고 여쭈었다. 어머니께서는 "일하는 것이 곧 쉬는 것이고 쉬는 것도 곧 일하는 것과 같다"고 하셨다. 당시에는 이 말씀이 이해가 가지 않았다. 하지만 직장생활에 이어 경영자로서 30여 년을 살다 보니 지금은 그 말씀을 이해할 수 있게 됐다. 어머니의 말씀은 "일이 좋으면 그 자체가 즐거움이며 삶이다"라는 뜻이었다.

필자는 직장 생활을 하는 동안, 또 창업 이후 경영자로 사는 지금까지, 일이 싫다고 느낀 적이 없다. 일 자체가 즐거움이었던 것이다. 비록 자금 문제로 고생했던 적은 있었지만 일하는 것 자체는 매우 좋았다. 햇살 따스한 아무 날 모두들 야외로 놀러 나갈 때 밀린 업무 때문에 사무실에 나와 일을 하면서도, 스트레스를 받기는커녕 오히려 피로가 풀리는 것을 느낄 수 있었다. 아무도 없는 사무실에서 여유 있게 업무를 처리하는 그 맛이 매우 좋았다. 정말 일하면서 쉬었고 쉬면서 일했다. 어머니는 일을 즐기라는 지혜를 필자에게 주셨다. 일을 즐기는 것이 돈을 위해 일하는 노예가 되는 것보다 낫지 않은가.

제자에게 집을 담보로 제공한 교수님

필자의 삶에서 빠뜨릴 수 없는 또 한 분의 은인은 석사과정 때 은사이신 박진성 교수님이다. 이후 필자의 삶에서 언제나 롤 모델이셨다. 늘 머리카락 한 올도 흐트러짐이 없었고 자세나 옷차림 또한 단정하고 깔끔하셨다.

학과 전공시험을 볼 때는 점수에 연연하기보다 시험을 정직하게 치르는 학생이 되라고 가르치셨다.

학부에서 어문학을 전공한 필자는 직장에서 해외영업 업무를 담당하면서 경영과 무역에 관한 지식 부족을 절감했다. 고민 끝에 고려대 경영대학원에 입학했다. 당시 중소기업을 다니던 상황이었으므로 항상 시간이 부족하고 정신없던 시절이었다. 그래도 수업은 재미가 있어 나름 열심히 공부했다. 박 교수님은 필자의 지도교수님이셨는데 졸업논문을 작성할 때 문장 하나 단어 하나도 오류가 없도록 교정 작업을 도와주셨다.

대학원 졸업 후 필자는 회사를 창업했고 창업 8개월이 지났을 무렵, 중국 현지공장을 인수했다. 하지만 자금이 충분하지 않은 상황에서 무리하게 인수를 진행한 탓에 얼마 못 가 자금난에 봉착했다. 모든 금융기관을 다니면서 읍소했지만, 나이 어린 필자에게 추가 대출을 해주는 곳은 없었다. 포기하지 않고 가능한 모든 수단을 강구했다. 하지만 이미 엉클어진 실타래처럼 어려운 상황이었다.

그러던 중 박 교수님께서 학교에 잠시 들르라고 말씀하셔서 시간을 내어 찾아뵈었다. 교수님은 필자의 처지를 다 파악하고 계셨다.

자금 때문에 동분서주하다 보니, 필자의 소식이 교수님에게까지 전해진 모양이었다. 교수님은 서울에 있는 당신의 자택을 은행에 담보로 제공할 테니 어려운 상황을 해결해 보라고 하셨다. 예나 지금이나 형제들 사이에서도 어려운 일이 금전거래나 담보제공 문제다. 교수님 부부께서 어렵게 장만하신 집을 아무 조건이나 대가 없이, 그리고 많은 제자 중 하나인 필자에게 담보로 맡기신다니 많이 놀랐다.

이 일은 필자로 하여금 인생을 다시 돌아보게 했다. '이 세상에서 나는 혼자가 아니구나' 하는 생각이 들었다. 교수님의 뜻을 되새기며, 열심히 노력하여 성공하고 남들에게 좋은 일을 함으로써 반드시 보답하겠다는 다짐을 많이 했다. 당시 다행히도 다른 경로로 자금 문제가 해결돼 교수님이 은행에 가셔야 할 일은 없었지만, 평생 그 일을 잊을 수 없다. 이후에도 교수님은 자비를 들여 필자의 중국 공장에 여러 차례 직접 방문하셔서 격려와 위로를 해 주셨다.

또한, 교수님은 약속에 대한 개념이 매우 특별하다. 1년에 최소 2회 이상 26년 동안 만나 뵈었는데 장소와 관계없이 항상 30분가량 일찍 약속장소에 나오신다. 최근에는 몸이 불편하셔서 이동이 매우 힘드신데도 거리에 상관없이 항상 제자들보다 먼저 나와 기다리신다. 단 한 번도 늦으신 경우를 못 보았다. 거동이 불편하여 지팡이를 사용해야 할 정도이지만 가방에 좋은 술을 넣어 어깨에 짊어지고 오신다. 선물 받은 술이라며 다 같이 마시자고 하신다. 세상에 마음이 얼마나 넓어야 그런 행동을 할 수 있을까 하는 생각을 해본다.

대출보증을 서준 중국의 은행 지점장

요즘 시대는 선생과 학생만 있고 스승과 제자는 없다고 한다. 그 옛날 다산 정약용과 황상의 스승과 제자 사이를 생각해 본다. 필자는 황상처럼 많은 병통(病痛)을 가지고 있는데, 둔하며 총명하지 못하고 좋은 학력을 가지지 못했음에도 교수님은 끊임없는 칭찬과 조언으로 할 수 있다는 자신감을 불어 넣어 주셨다. 제자에 대한 사랑이 많으신 분이다. 박사학위를 마친 이

【일러스트=아이클릭아트 제공】

후에도 지금까지 쉼 없이 공부하고 있는 것은 모두 스승의 가르침 덕분이다.

세 번째 은인은 중국인이다. 필자가 중국에 공장을 설립한 이후 매우 바쁘고 정신없던 때에 사업의 발목을 잡는 일이 생겼다. 중국 정부로부터 돌려받아야 할 부가가치세(증치세) 환급이 2년 동안이나 밀린 것이다. 이로 인해 회사에 위기가 찾아왔다. 신생기업으로서 이런 저런 어려움이 많은 처지에 자금까지 막혔으니 고생이 이만저만이 아니었다.

좀 더 자세히 설명하면, 중국 정부가 수출기업들이 납부한 매출액의 17%에 달하는 부가가치세를 45일 이내에 환급해주어야 하는데 2000년 초에는 재정상태가 좋지 않아 미루고 또 미루어 무려 24개월이나 지급되지 못한 것이다. 그리하여 당시 많은 기업이 도산하거나 위험한 상황에 몰렸다. 전체 매출에서 17%에 달하는 자금을 돌려받지 못하니 재무제표에는 이윤이 있지만 실제로는 자금이 돌지 않는 흑자도산이 될 수밖에 없다. 필자의 중국

회사도 수십억 원을 중국 정부에서 환급받지 못한 상황이었다.

부족한 자금을 한국 금융기관에서 일부 융통했지만, 절대적으로 부족했다. 중국의 금융기관에서 해결책을 찾으려 노력했지만 쉽지가 않았다. 직원들은 모두 포기했다. 하지만, 필자는 그럴 수 없었다. 중국의 모든 금융기관에 찾아가 방법을 모색했다.

그러던 중 C은행의 왕지점장을 만났다. 그는 영문과 출신으로 영어를 유창하게 하며 국제매너를 아는 사람이었다. 30대에 지점장을 하고 있을 만큼 유능했다. 왕지점장에게 나의 상황을 설명하고 부가세를 환급받을 때까지, 환급금을 담보로 대출해 달라고 부탁했다. 그는 방법이 있다며 필자에게 보증인 2명을 구해 오라고 했다. 그러면 환급받을 금액만큼 저리로 빌려주겠다는 것이었다.

그런데 조건이 까다로웠다. 보증인 두 명 중 한 사람은 우리 돈으로 매출 약 500억 원(현재가치 기준) 이상인 회사의 대표여야 한다는 것이었다. 다른 1인은 총재산이 5억 원 정도면 된다고 했다. 중국 땅에서 사업을 시작한지 얼마 안 되는데 어떻게 그런 보증인을 구하라고 하는지 헛웃음만 나왔다. 불가능한 일로 생각됐지만 그래도 한번 해보기로 마음먹고 지인들에게 부탁했다. 모두 보증은 정말 힘들다며 거절했다.

당시 필자의 회사로 영업하러 자주 오는 아주머니가 계셨다. 나이가 많으신 분이지만 직급이 없어서 중국식 예우로 '쉬샤우제(徐小姐, Ms. Xu)'라고 존칭을 붙여 불러 드렸다. 대형 직물 염색공장에 근무하는 영업사원인데 필자보다 나이가 20세나 많지만, 여전사처럼 일을 잘했다. 우리 회사의 직원들은 모두 그녀에게 하청을 주고 있었다.

필자의 사정을 알게 된 그분은 자기 회사 사장에게 부탁해 보겠다고 했다. 며칠 후 연락이 왔다. 가능성이 있으니 빨리 자기네 회사로 들어오라는 것이었다. 그 회사의 사장은 물끄러미 필자를 관찰하더니 보증을 서주겠다고 했다. 그리고 젊은 한국 사람이 중국에서 고생이 많다며 보증서에 사인해 주었다.

하지만 여전히 문제가 남아 있었다. 총재산이 5억 원 정도 되는 사람을 어떻게 구하느냐. 필자는 왕지점장을 저녁식사에 초대해 여러 이야기를 나누어 보았는데, 친구처럼 대화가 잘 되었다. 그 다음날 은행에 다시 찾아가 지점장인 당신이 나의 보증인이 되어 달라고 부탁했다. 그는 말문이 막히는지 가만히 있었다. 필자가 한 번 믿어 달라고 다시 간청하니, 그가 알았다며 대범하게 보증을 서 주었다. 그는 은행에 입사해서 거래처에, 그것도 외국인에게 보증을 서는 것은 처음이라며 웃었다. 미안하다고 하면서 여러 번 감사를 전했지만, 지금 생각해 보아도 너무 당돌했던 것 같다.

이후 왕지점장과는 친구가 됐다. 20여 년이 흘렀어도 필자가 중국에 가면 한달음에 찾아온다. 그는 늦은 나이에 결혼하고 펀드 관련된 일을 하다가, 친구들의 권유로 중남미 시장에 의류 완제품을 수출하는 회사를 설립하여 사장이 되었다. 사업에 성공한 그는 앞으로 그룹사를 만들어 볼 심산으로 고군분투하고 있다. 그를 보면 '적선지가 필유여경(積善之家 必有餘慶)'이라는 말이 생각난다.

나의 인생에 도움을 주었던 모든 분들에게 이 지면을 빌어 진심으로 감사드리며 많은 복을 받으시기를 기원한다. 신이 존재한다면 그들에게 큰 복을 줄 것을 믿는다.

08

낙숫물로 신시장을 뚫다

글로벌 비즈니스맨을 꿈꾸어 본 적이 있는가. 가방 하나 들고 세계시장을 누비며 상품을 팔고 사는 비즈니스맨 말이다. 얼핏 멋있어 보이지만, 실상은 고행길이기도 하다.

하지만 그 고행은 꿈을 이루는 데 꼭 필요한 과정이자, 마음먹기에 따라 즐거운 여행이 될 수도 있다.

업무상 출장으로 지구 60바퀴 거리 비행

필자의 항공 마일리지는 현재 150만 마일을 웃돈다. 그동안 이용한 항공사는 다양하지만 항공동맹(Airline alliance)이 3개로 이루어져 있어 그것을 합산한 것이다.

이 중 99%는 모두 업무상 출장으로 발생된 마일리지다. 지구 한 바퀴를 2만5000마일로 보면 대략 60바퀴 정도 거리다. 서울에서 북경까지 왕복거리가 1200마일인데 환산하면 비행기로 1250회 왕복한 셈이 된다.

출장을 갈 때 다양한 방법을 이용했다. 보통 브라질과 아르헨티나에 갈 때에는 미국을 경유하는데, 아프리카를 경유하여 간 적도 있다. 이러면 아프리카에 체류하며 바이어와 업무를 보고, 휴식도 취하고, 또 비용도 줄이는 1석 3조의 효과를 볼 수 있다.

또 남미행 비행기 편이 없거나 극심한 성수기여서 티켓을 구하기 힘들면, 일단 일본으로 갔다가 미국을 경유하여 가기도 했다.

몸이 피곤하거나 비즈니스석을 꼭 이용해야 할 때는 먼저 중국으로 간 다음 다시 미국으로 가면서 비즈니스석을 탔는데 상대적으로 매우 저렴했다. 물론 시간의 낭비는 있지만 현지에 도착하여 쉴 틈 없이 업무를 하고자 한다면 괜찮은 선택이라고 본다.

48페이지짜리 일반 여권 27권 분량 사용

여권은 지금까지 총 9권을 사용했다. 필자의 여권은 보통의 여권보다 두껍다. 여권 발급에 드는 시간과 비용을 최대한 절약하기 위해 48페이지짜리 여권을 받은 후 여기에 24페이지를 추가하여 72페이지짜리로 만들어 사용했다. 그러므로 내 여권은 24페이지 일반 여권 3권과 같다. 30여 년간 일반 여권 기준 대략 27권의 여권을 사용한 셈이니 거의 1년에 1권씩이다.

많은 페이지가 있는 여권을 사용하였던 이유는 출장이 많기도 했지만 비자가 필요한 나라들을 많이 다녔기 때문이다. 한 번 출장에 몇 페이지를 사용하게 되니 금세 부족해지는 것이다. 아프리카의 나라들은 대부분 비자가 필요한데 갈 때마다 도착비자로 여러 페이지가 소모된다. 지금은 한국의 여권파워 지수가 높아 비자가 줄어들어서 예전보다 여권을 오래 사용할 수 있다.

출장을 갈 때는 꼭 두어 계절 정도의 옷이 필요한데 여간 골치 아픈 것이 아니다. 한국이 여름이면 중남미는 겨울이고, 한국이 겨울이면 아프리카는 뜨겁다. 겨울에 출장을 가면, 집에서부터 덜덜 떨어가며 매우 얇은 옷을 입고 공항으로 간다. 가방 부피를 줄이기 위해서다. 그러면 견본을 많이 가져갈 수 있다.

옷 최대한 줄이고 샘플 담은 여행가방 90kg

필자가 수출하는 아이템은 특성상 사진으로 보여주면 그 느낌을 알 수가 없어 모두 가지고 다녀야 하는데 제품 자체가 매우 무겁다. 이러다 보니 양말 1켤레, 와이셔츠도 한 장이라도 줄이기 위해 많은 고민을 한다.

보통 출장을 갈 때에는 대형 트렁크(30kg) 두 개, 매는 가방(15kg)과 끌고 다니는 가방(15kg) 각각 한 개씩을 가지고 간다. 대략 90kg이다.

필자의 여행용 가방은 수명이 1년이다. 친한 대학친구가 매년 좋은 여행용 가방 몇 개를 보내 주는데, 1년 정도 지나면 가방들이 바퀴가 빠지고, 몸체가 찢어지고 터진다.

그 친구는 내게 가방을 너무 험하게 사용한다며, 내구성이 세계 제일인 가방이라도 1년 이상 사용할 수 없을 것이라고 타박한다. 맞는 말인 것 같다. 33kg짜리 거대 여행용 가방에 돌이 잔뜩 들었다고 상상하면 이해가 쉬

나이지리아 라고스에서 미팅 이후에 바이어와 함께 기념촬영을 하고 있다.

울 것이다.

출장복도 질 좋은 양복보다는 폴리에스테르(POLYESTER)로 제직이 된 양복이 편하다. 주름이 잘 가지 않아 출장 중에도 단정한 모습을 보여줄 수가 있기 때문이다. 또 다른 양복에 비해 매우 저렴하고 착용감도 우수하므로 부담 없이 전투(?)에 전념할 수 있다.

'수적천석(水滴穿石)'을 실천한 거래선 만들기

가장 많이 출장을 간 나라는 중국, 홍콩, 칠레, 페루, 베트남, 에티오피아 등이다. 모두 필자 회사의 중요한 수출대상국이다.

중국은 필자 회사의 현지공장이 있어 지난 22년 동안 1년에 8~10회 정도 방문했다. 출장이 가장 많았던 해에는 1년에 중남미 3회, 아프리카 3회, 아시아 10회 정도 다녔다.

'수적천석(水滴穿石)'이라는 말이 있다. 문자 그대로 '떨어지는 물방울이 바윗돌을 뚫는다'는 뜻이다. 아무리 미약해도 지속적으로 반복하면 어떤 난관이라도 헤쳐 나갈 수 있는 것이다. 수출도 마찬가지다. 처음부터 목표한 대로 이뤄지는 경우는 거의 없다. 실패와 노력이 반복하여 이루어지다 보면 좋은 결과가 나오는 것이다.

필자의 출장은 수적천석을 실천하는 과정이었다. 이는 능력이 부족한 필자와 회사에 많은 것을 성취하게 해 주었고, 큰 기회를 선사했다. 오더 수주가 이뤄지지 않으면, 그 바이어는 무조건 반복해서 방문했다. 자주 만나다 보니 상대도 마음을 열었고 친밀도가 높아지니 업무하기가 수월해졌다.

어떤 바이어는 3년여 동안 10회 이상 방문한 적이 있다. 결국 수주에 성공했다. 어떤 바이어는 나에게 맞는 발주가 없자, 주변에서 오더를 받아 나에게 돌려주기도 했다.

노력을 하면 반드시 좋은 결과가 있는 법이다. 바이어가 사절해도 최소 열 번은 방문하자는 게 필자의 생각이었다.

바이어 첫 방문에 오더를 수주하는 것은 로또 당첨보다 힘든 일이다. 그러므로 무조건 반복 방문해서 회사제품을 설명하고 또 설명했다. 거래가 이루어지지 않는 바이어를 몇 년에 걸쳐 방문했을 때 항상 좋은 결과를 얻었던 것으로 기억한다.

1등 기업 먼저 공략하는 것도 하나의 전략

어느 나라이든 1등 기업을 먼저 공략하자는 것도 하나의 전략이었다. 보통 중소기업들은 해외 수출을 시작할 때 조그마한 바이어부터 공략을 하게 된다. 그렇게 되면 시간이 오래 걸리고 비용도 상승할뿐더러 그 나라의 실정을 이해하는 데 어려움이 있다. 그러므로 1등 기업을 찾아 과감히 도전하는 것이 빠르고 여러모로 유익하다. 낚시를 잘하려면 낚시터에서 포인트를 잘 찾아야 한다.

한편, 동네 뒷산을 오르는 것과 에베레스트를 오르는 것은 여러 가지로 차이가 있다. 에베레스트를 오르려면 최고의 기술이 필요한 법이다. 이런 기술은 많은 경험이 필요하지만, 시간이 지난다고 저절로 얻어지는 것은 아니다. 스스로도 터득하려고 노력해야 한다.

사기(史記) 이사열전(李斯列傳)에 '태산불사토양(泰山不辭土壤) 하해불택세류(河海不擇細流)'라는 말이 있다. 문자 그대로 해석하면 높디높은 태산은 한줌 흙으로부터 시작되어 만들어졌고, 깊고 넓은 강과 바다는 작은 시냇물이 모여 만들어졌다는 뜻이다.

자신과 다른 의견을 가진 인물들을 포용할 수 있는 자만이 큰 인물이 될 수 있다는 해석도 가능하지만 필자는 문장이 가지고 있는 그대로의 의미가 좋다. 성공하려면 작은 것을 하나씩 쌓고 만들어가야 한다는 진리 말이다.

09

비즈니스 세계의 독서 경쟁력

필자 인생에서 가장 잘한 일은 독서를 많이 한 일이다. 좋은 습관이었고 또 현재의 나를 있게 한 원동력이었다. '성상근습상원(性相近習相遠)'이라는 말이 있다. '천성은 원래 별로 큰 차이가 없으나, 습관에 따라 큰 차이가 생긴다'는 뜻이다. 습관의 중요성을 일깨운 경구다.

해외에서도 독서를 많이 한 사람은 달랐다

한국인 누구나 존경하는 안중근 의사께서는 '일일부독서 구중생형극(一日不讀書 口中生荊棘, 하루라도 글을 읽지 않으면 입안에 가시가 돋는다)' 이라고 했다. 독서는 필자의 가장 소중한 친구였고 일상생활은 물론 기업 경영에도 많은 도움이 됐다.

독서를 하지 않았다면 나의 인생은 어떠했을까? 상상하고 싶지도 않다. 비즈니스 때문에 전 세계 사람을 두루 많이 만나본 편인데, 독서를 많이 한 사람은 분명히 중량감이 있었고 교양도 풍부했으며 삶의 철학이 분명했다.

필자가 가장 좋아하는 문구는 북송시대의 왕안석(王安石)이 쓴 권학문(勸學文)이다. 읽자마자 가슴에 울림이 커 좌우명으로 삼고 있다. 중국공장에 있을 때 유명 서예가에게 글씨를 써 달라고 부탁하여 사무실에 걸어 놓고, 매일 삶이 흐트러지지 않도록 다짐한다.

다음은 권학문 중 일부 구절이다. 매일 보아도 명문이고 삶의 지표로서 충분한 가치가 있다.

가난한 사람은 책으로 부자가 되고,

(貧者因書富),

부자는 책으로 인하여 귀하게 된다.

(富者因書貴).

어리석은 사람은 글을 통해 현명해지고,

(愚者得書賢),

훌륭한 사람은 글을 통해 이롭게 된다.

(賢者因書利).

글만 읽더라도 영화 누리는 것 보았지만,

(只見讀書榮),

독서해서 실패한 일은 보지 못했다.

(不見讀書墜).

황금을 팔아 책을 사서 읽으라.

(賣金買書讀).

독서를 하면 황금을 사기 쉬워진다.

(讀書買金易).

좋은 책은 만나기 어렵고,

(好書卒難逢),

좋은 책은 참으로 만들기도 어렵다.

(好書眞難致).

책 읽는 이에게 받들어 권하노니,

(奉勸讀書人),

좋은 글은 마음에 기억해 두어라.

(好書在心記).

가난한 나라에는 도서관이나 서점도 드물어

전 세계를 다니며 대체로 가난한 나라에는 도서관이나 서점이 거의 없다는 사실을 깨달았다. 박사논문을 쓰기 위한 자료를 구하려고 중남미 국가에 출장을 갔는데, 서점을 찾는 일 자체가 쉽지 않았다.

비교적 큰 나라인 아르헨티나나 브라질, 칠레, 콜롬비아는 그나마 나았다. 하지만 페루, 베네수엘라, 볼리비아, 과테말라, 파나마 등지에서는 서점을 찾기가 매우 힘들었다. 힘들게 서점을 찾아도 책의 양이 부족했고, 전문서적은 많지 않았으며 대부분 일반적인 도서만 판매하는 정도였다.

아프리카 국가들은 정말 열악했다. 많은 도시에 서점이 거의 없었고, 있어도 나의 개인 서재에도 못 미친 경우가 대다수였다. 단지 길거리에서 복사판으로 저렴하게 파는 책들은 가끔씩 보았다.

최근 눈에 띄는 국가는 중국이다. 각 지역 도시별로 대형 서점들이 많다. 책의 양도 큰 나라답게 어마어마하다.

서점과 도서관이 많은 나라는 확실히 선진국이고, 그렇지 않은 국가는 후진국이라는 생각이 든다.

'독만권서 행만리로(讀萬卷書 行萬里路)'를 향하여

기업도 마찬가지다. 세계 각지의 거래처에 가보면 깊이가 있는 회사에는 서고가 있고 좋은 그림과 서예가 즐비하다. 그런 회사는 믿음이 간다. 회사 대표나 직원들의 태도가 무엇인가 달라 보인다.

탄자니아 다레스살렘의 어느 서점.

필자의 회사는 샘플들을 외부에 전시하여 놓지 않고, 모두 수납하여 안에 두고 있다. 대신 필자의 사무실에는 오직 서가에 가득한 도서만 있다. 그래서 필자를 찾아온 새로운 방문객은 나의 회사가 무엇을 하는지 알 수가 없다.

내 사무실에서 견본이 보이지 않아도 나의 철학을 공유하는 고객과 거래를 하는 데 문제가 없다는 게 내 판단이다. 필요하면 꺼내서 보여주고 설명을 하면 되는 일이다.

나의 목표는 '독만권서 행만리로(讀萬卷書 行萬里路)'이다. '만 권의 책을 읽고 만리의 여행을 하라'는 말인데, 명나라 서예가 동기창(董其昌)은 서화에서 향기가 나려면 이렇게 해야 한다고 권했다. 문자 그대로라면 만 권은 인쇄술이 발전한 덕에 현대에서는 5000권 정도일 것이지만, 많은 책이라는 뜻이다. 또 옛날의 만 리는 마차나 도보로 여행한 것의 기준이고, 현대적으로 해석하면 항공기로 100만 마일 정도는 다녀봐야 하지 않을까 생각한다. 개인적으로 책 6000권쯤은 읽었고 여행도 100만 마일 이상 했으니 일단 목표는 이룬 셈이다.

하지만 나는 정말 1만 권 읽기에 도전하고 있다. 대도(大盜) 조세형조차 감옥에서 1500권의 책을 읽었다고 하는데, 세계를 누비는 나는 1만 권은 소화해야 정신적인 소화불량이 없는 인생을 살 수 있지 않을까 싶다.

개인의 삶은 책을 얼마나 읽었는지에 따라 뿌리가 깊은 나무가 될 수도 있고 뿌리가 가늘게 박혀 있는 나무가 될 수도 있다. 기업도 마찬가지이다. 기업의 성적표는 재무제표이다. 내가 만난 어떤 회사의 대표는 항상 자기 회사가 잘 나간다고 자랑하곤 했는데 그 회사 재무제표를 보면 부실하기 짝

이 없다. 화려한 언변과 좋은 자동차로 위장을 하려고 하지만 은행원들은 매의 눈으로 회사의 부실을 다 뚫어 보고 있다.

개인도 기업도 독서가 자산이자 경쟁력의 원천

독서의 성적표는 현재의 인생일 수 있다.

일 년에 책 서너 권도 읽지 않은 사람들, 외면에는 신경을 쓰지만 내면적인 곳에 투자를 하지 않는 사람들은 성적표가 좋게 나오기 어렵다.

특히 대개 교류가 많은 사업가들은 표시가 잘 나는 것 같다. 독서를 즐기는 기업인 다수는 경영이 순조롭다. 혹시 난관에 부닥쳐도 쉽게 헤쳐 나올 줄 안다. 한쪽으로 치우친 사고의 틀에서 벗어난 사람들이기 때문일 것이다. 이들은 사고력도 좋고 문제 해결을 잘한다. 풍류를 즐길 줄 알고 대화를 할 줄 알고, 자기 관리에 뛰어나다.

비즈니스맨들은 많은 책을 읽어야 한다고 생각한다. 전 세계 기업들과 사업을 하는데, 갇힌 사고를 가지고 있다면 한계점이 존재할 것이다. 책을 읽지 않는 것은 타인을 이해하지 못한다는 말과 동일할 수 있다는 생각이다. 책을 많이 읽는다는 것은 자기 자신에 큰 자산이 있는 것과 동일하다. 기업도 자산이 많으면 좋지 않은가.

10

닭고 싶은 거상(巨商)
정주영, 호설암, 이나모리

정주영, 호설암, 이나모리. 동아시아에서 이들만큼 족적을 많이 남긴 경제인들을 찾기란 쉽지 않다. 그 발자국만으로 기업에 훌륭한 교범이 되고도 남는다.

필자는 이 세 사람과 관련된 책들은 가능한 한 모두 읽어 보려 노력하였다. 배우고 싶은 것들이 많기 때문이다. 각자 한국, 중국, 일본 출신이고 살았던 시대도 다르지만, 그들은 자신의 국가와 기업, 사람들에게 지대한 영향을 미쳤다. 특히 정주영 회장과 이나모리 회장은 세계화 측면에서 많은 노력을 한 사람이기도 하다.

정주영 전 현대그룹 회장은 한국의 간판 경영자다. 불굴의 노력으로 세계적인 글로벌 기업들을 만들었다. 그가 남긴 공헌은 우리가 모두 알다시피 매우 다양하고 많다. 특히 1970년대부터 해외에 진출하여 한국이 중진국으로 발돋움하는 데 큰 역할을 하였다.

한국의 '웨스턴 카우보이' 기업가 정주영

필자가 생각에 정주영 회장의 남다른 점은 첫째로 도전정신이다. "해보 았어"라는 말로 요약되는 그의 한마디에 그의 리더십과 도전정신이 모두 축약돼있다. 둘째는 기업가로서 꿈이 매우 크다는 것이다. 자동차 수리업으로 시작해서 자동차 기업을 일구었고, 황량한 해변가 사진을 가지고 해외에서 투자를 받아 조선소를 세웠다. 한국전쟁 중에 미군에게 공사를 수주받아 시작한 사업으로 세계적인 건설회사를 만들었다. 이처럼 그는 꿈이 가득한 사람이었다. 셋째는 상상력이 큰 기업가라는 점이다. 아산만 방조제 마무리 공사에서 마지막 방조제 연결공사가 난항에 이르렀을 때 울산에 있는 대형 유조선을 끌어와 거센 조류를 막고 물막이 공사를 마무리하는 아이디어는 전 세계적으로도 찾아보기 힘든 것이었다. 주베일 항만 공사에도 공기(工期)를 줄이고 비용을 줄이기 위해 거대한 해상구조물을 예인선으로 울산에서 중동 현지까지 운송하여 공사를 감행했다. 이러한 그의 상상력은 세계적인 공학자들보다도 더 위대한 것이었다. 그가 아니었다면 그런 대역사도 존재하지 않았을 것이다. 정주영 회장의 성공 원칙은 신용을 생명으로 생각하며, 검소하며, 새벽에 하루를 시작하고, 독특한 아이디어를 구상하고, 목표를 정하고 신념 있게 추진하는 것이다.

그는 특히 신용을 중요시하였는데 특히 "신용은 나무처럼 자라는 것이다. 또한 신용이란 명예스러운 것이다. 당신은 자본이 없는 것이 아니라 신용이 없는 것이다. 당신에게 돈을 빌려줘도 된다는 확신이 들 만한 신용을 쌓아 놓지 못했기 때문에 자금 융통이 어렵단 말이다. 당신이 이를 성공시킬 수 있다는 신용만 얻어 놓으면 돈은 어디든지 있다"고 한 것은 너무나 황금 같은 말이다. 해외 출장을 갈 때 외국기업들은 나이가 55세 이상이면 사흘 전에, 젊은 사람은 이틀 전에 도착하여 쉬도록 한다. 그러나 정주영 회장은 그렇게 해서는 경쟁자를 이길 수 없다고 했다. 정신을 똑바로 차리고 현장에 나아가 일해야 한다고 설파했다.

세계적인 경제학자인 마이클 포터는 정주영의 이러한 현장 중심주의를 일컬어 '서부 카우보이 총잡이'라고 표현했다. 단순한 장사꾼이 아니기 때문이다.

상도를 알고 행한 중국인, 호설암

중국인들이 가장 존경하는 거상을 뽑자면 호설암(胡雪岩)을 들 수 있을 것이다. 그는 청나라 말에 발생한 태평천국의 난을 기회 삼아 거상이 될 수 있었는데, 현대에 이르러서는 기업의 사회 환원과 같은 좋은 일을 많이 하였다.

가난한 부모 밑에 태어나 간신히 글을 공부하고는 저장성 항저우로 거취를 옮겼다. 거기서 근대적인 은행인 전장에서 수습과정을 거쳐 사장에게 신용을 얻으며 거상이 될 수 있었다. 그는 거상이 된 후에도 부정한 방법으로 돈을 버는 것을 경계하였으며 항상 법의 테두리를 벗어나지 않으려 노력하였다.

특히 그의 성공철학은 돈보다 사람을 중요하게 여기는 것이다. 훌륭한 사람을 위하여서는 이익이 적더라도 거래를 유지하고 기다릴 줄 하는 사람이었다. 특히 자신이 얻은 재산은 남에게 반드시 주변 사람에게 베풀었다. 그가 현재까지 중국사회에서 존경받는 것은 그러한 환원에 대한 철학이 있었기 때문이다. 그는 사업가로서 구두쇠로 살게 되는 것을 걱정하였다고 한다.

중국인들은 신년이 오면 누구를 만나든 인사를 할 때 궁시파차이(恭喜發

현대차그룹 계동사옥 본관에 설치된 고 정주영 명예회장의 흉상.

이나모리 가즈오 교세라 전 회장.

중국인들이 가장 존경하는 거상 호설암을 다룬 책 표지.

財)라는 말로 대화를 시작한다. 돈 많이 벌기를 기원한다는 뜻이다. 그만큼 중국인들에게 돈은 모든 것에 가장 우선시되는 항목이기도 하다. 한국의 대박 나길 바란다는 신조어와 뜻이 비슷할 것이다.

중국 속담에 이르기를 창업도 어렵지만, 수성은 더 어렵다(創業難守成更難)는 말이 있다. 중국 상인들은 1세대는 창업을 하고, 2세대는 그 부를 즐기며 업적을 쌓지만, 3세대는 이를 탕진한다는 말을 해왔다. 이는 상인 사이에서 가족이 대대로 경영하는 장사는 3대 이상 연속해 잘 되기 어렵다는 역사적 경험을 알려주는 것이다. 호설암을 통하여 기업이 성공에 이르면 사회 환원의 가치를 다시 한번 살펴볼 필요가 있을 것이다.

중국 상인들의 기본 철칙은 세 가지로 요약된다. 첫째는 자생(自生)으로 자신의 운명과 미래는 스스로 개척하며, 둘째는 혜안(慧眼)으로 정확한 정세와 시장의 흐름을 읽으며, 셋째는 선점(先占)해 한발 앞서 시장을 공략하며 넷째, 공생(共生)_대동하여 공동의 이익을 추구하며 다섯째, 확장(擴張)_수완을 발휘하여 영역을 넓히며 여섯째, 분투(奮鬪)_힘을 다하여 진정한 상인이 되며, 일곱 번째로는 융통(融通)해 한길만 가다가 막다른 길에 다다를 때까지 달려가서는 안 된다는 것이다. 그들은 하늘 아래에 시장이 아닌 곳이 없다는 가치를 가지고 노력한다.

"기계는 고장 나고 인간은 실수한다"는 이나모리

이나모리 가즈오(INAMORI KAZUO) 교세라 전 회장은 얼마 전인 2022년 8월 30일 90세의 나이로 타계했다. 그는 마쓰시타 고노스케(마쓰시타전기 그룹), 혼다 소이치로(혼다자동차)와 함께 일본에서 가장 존경받는 3대기업가 중 한 사람이다.

그는 기업을 성에 비유하면 사람은 돌담이며, 큰 돌만 사용해서는 돌담을 만들 수 없다고 했다. 큰 돌과 큰 돌 사이에 작은 돌을 채워 넣어야 비로소 견고한 돌담이 만들어져 성을 지탱할 수 있다고 했다. "지혜가 있는 자는 지혜를 내고, 지혜가 없는 자는 땀을 흘리라"라는 말이 있는데 이것이 바로 조직이라고 했다.

사람이 근면성실 하고 회사를 위해 최선을 다하겠다는 마음이 있다면 소중히 여겨야 한다고 생각했다. 즉 그 사람의 인간성과 회사에 대한 애착심을 최우선 조건으로 판단하였기 때문이다.

이나모리 회장이 2조 엔의 부채를 지고 쓰러진 JAL(일본항공)을 수렁에서 건질 때 가장 먼저 생각한 것은 기계는 고장이 나고 인간은 실수를 한다는 점이다. 안전한 비행과 양질의 서비스를 하려면 기본적으로 이러한 점을 알아야 한다는 것이다. 즉 그런 문제에서 벗어나려면 고장과 실수를 줄이는 것이 가장 중요하다는 논리다.

그는 JAL의 회생을 위해 정비 때 사용하는 기름때 묻은 장갑을 빨아 사용하도록 했다. 또한, 비행기 한 편을 운항하면 수지를 다음날 산출하도록 했다. 어느 회사이건 세월이 지나면 조직은 비대해지고 인간은 관료화한다. 이런 것들을 타파하는 것이 세월을 넘기지 못하는 회사에서 벗어나는 것이다. 이나모리는 끈기 있는 바보가 더 낫다고 한다.

특히 경영 12조를 만들어 직원들을 교육하고 이행하고자 노력했다. 경영 12조는 우리가 기업을 내실 있게 운영하고 회사의 외연을 확장하는 데에 큰 도움을 줄 것이다. 그 세부는 다음과 같다.

첫째, 사업의 목적과 의의를 명확하게 세워라. 둘째, 구체적인 목표를 정하라. 셋째, 강렬한 소망을 품어라. 넷째, 누구에게도 뒤지지 않도록 노력하라. 다섯째, 매출을 최대한으로 늘리고 경비를 최소한으로 줄여라. 여섯째, 가격 결정은 경영이다. 일곱째, 경영은 강한 의지로 결정된다. 여덟째, 불타는 투혼을 가져라. 아홉째, 모든 일에 용기를 갖고 임하라. 열 번째, 항상 창조적인 일을 하라. 열한 번째, 배려하는 마음을 가져라. 열두 번째, 항상 밝고 긍정적으로, 꿈과 희망을 품고 정직한 마음을 지녀라.

수출 인문학

지구 **60**바퀴를 돌며 발로 뛴
글로벌 비즈니스 비망록

제**2**부

남들이 가지 않은 길, 아프리카 & 중남미

01

위험한 여행길 아프리카 & 중남미

해외에 출장 가서 업무를 하다 보면 별별 일들이 발생한다. 비즈니스 문화나 관행, 언어, 시스템 등의 차이에서 비롯된 여러 해프닝은 선진국과 후진국을 불문하고 일어난다. 필자의 경험상 특히 아프리카나 중남미에서의 해프닝은 드라마틱했다.

경험들이 쌓이다 보니 위기를 탈출하는 방법도 터득하게 됐다. 긴장의 끈을 놓지 않고 냉정과 이성으로 행동한다면 어떤 어려운 상황도 해결할 수 있다.

'블루오션' 시장은 그만큼 어려운 시장이라는 뜻

기억에 남은 일들 중 하나는 2012년도 앙골라 출장 때의 일이다. 당시 필자는 서아프리카 시장 공략을 목표로 고군분투하고 있었다.

모로코, 세네갈, 가나, 앙골라, 나이지리아, 카메론이 타깃 시장이었다. 서아프리카를 목표로 삼은 것은 당시 우리 회사의 경쟁자인 한국기업과 중국기업이 없어 블루오션이라는 판단이 들었기 때문이다.

그러나 시장이 '블루오션'으로 남아 있다는 것은 그만큼 어려운 시장이라는 뜻이기도 하다. 앙골라 출장을 앞두고 필자 앞에 두 가지 문제가 닥쳤다. 하나는 포르투갈어를 사용해야 하는 언어적인 문제, 다른 하나는 양질의 바이어를 찾는 문제였다.

출장 전에 많은 노력을 기울였지만 마땅한 해결책을 찾지 못했고 결국 아무것도 준비가 되지 않은 상태에서 출발해야 했다. 일단 도착해서 풀어나가자는 생각이었다.

앙골라에 도착 후 호텔 지배인에게 영어가 가능한 현지 통역인을 소개해 달라고 부탁했지만 찾을 수 없었다. 고심하던 중 어느 중국인을 소개받았다. 그 중국인은 포르투갈어에 능통했지만 영어를 할 줄 몰랐다. 다행히 나는 중국어에 문제가 없어 그를 고용해 업무를 진행하게 됐다.

그런데 새로운 문제가 발생했다. 앙골라는 세계적으로 물가가 높기로 유명한데 택시비가 정말 재앙 수준이었던 것이다. 결국 이동수단이 문제가 돼 고심하던 차에 중국인 통역이 본인 차량이 있다고 해 일부 비용을 내고 사용하기로 합의했다.

업무시작과 함께 앙골라 루안다에서 가장 좋다는 도로를 달려 봤다. 아프리카라고 믿기지 않을 만큼 깨끗했고 해변도로의 풍치가 좋았다. 그런데 도로 위에 차량이 거의 없었다. 이상한 느낌이 들었다. 다른 길에는 많은 차량들이 포화상태인데 이용료가 따로 부과되지도 않는 이 넓은 도로에는 왜

차가 없는지 모를 일이었다.

앙골라 경찰에게 하루 200달러를 고정비로 지출

중국인 통역에게 물어보니, 이 도로는 경찰이 교통단속을 심하게 해 차들이 모두 다른 곳으로 다니기 때문이라는 대답이 돌아왔다.

결국 우리 일행에게도 우려가 현실로 나타났다. 경찰이 손을 들어 차를 세우고 운전을 하던 통역에게 운전면허증을 달라고 했다. 경찰은 운전면허증이 가짜인 것 같다며 우리를 경찰서로 연행했다. 말도 안 되는 상황이지만 경찰이니 어쩔 수 없어 운전면허증에 있는 전화번호로 확인하라고 했지만 그들은 막무가내였다. 매우 바쁜 일정을 가진 우리들을 몰아 세웠다.

결국 돈을 달라는 것 같아서 50달러를 주니 더 달라고 했고, 100달러를 주고서야 풀려날 수 있었다. 화가 무척 났지만 많은 비용과 시간을 들여 출장을 온 나에게는 방법이 없었다.

그런데 잠시 후에 다른 경찰이 와서 차를 세웠다. 그리고 이번엔 차량등록증을 달라고 해 보여주었더니 등록증이 이상하다며 붙잡고 시간을 보내, 결국 다시 50달러를 주고 해결했다. 그렇게 그 날 하루가 갔다. 사흘 동안 출장을 다니면서 앙골라 경찰에게 하루에 150달러에서 200달러를 고정비로 지출해야 했다. 부패의 정글 같다는 생각이 들었다.

AK 자동소총으로 무장하고 막아선 탄자니아 경찰

탄자니아에서는 또 다른 재난이 닥쳤다. 저녁을 먹기 위해 핀란드 친구와 호텔 인근 식당에서 식사를 한 후 택시로 복귀하는 중이었다.

콜롬비아 보고타에서 경계근무를 서고 있는 군인들.

택시가 골목길로 접어들어 왜 돌아서 가느냐고 물었더니 지름길이라고 하면서 계속 엉뚱한 길로 가는 것이었다. 이상한 느낌이 들어 긴장하고 있었는데, 골목 막다른 길에서 AK 자동소총으로 무장한 경찰 4명이 기다리고 있었다.

경찰이 여권을 보여 달라고 해 소지하고 있지 않다고 했더니 경찰서로 연행한다고 압박했다. 그래서 우리와 동승해 호텔로 가 확인하자고 하니 갑자기 무장경찰이 소총에 실탄을 장전하고 손을 들라고 소리를 쳤다. 경찰들은 "경찰에게 시비를 거냐"며 화를 내고 난리를 쳤다.

나와 핀란드 친구는 사색이 되었다. 결국 나이가 많은 내가 나서서 경찰에게 "지갑을 꺼내려고 하니 손을 움직여도 되느냐"고 물었다. 괜찮다는 대답이 돌아왔다. 지갑을 꺼내 100달러를 주니 더 달라고 했다. 결국 200달러를 강도 같은 경찰에게 빼앗기고 빠져나올 수 있었다.

아프리카에서는 강도보다 경찰이 더 무섭다고 하는 말이 맞았다. 이후 차를 타면 기사들에게 경찰이 없는 곳으로 운행하라고 말하는 것이 습관이 돼 버렸다.

보디가드를 대동하고 다닌 베네수엘라

중남미에 있는 베네수엘라도 외국인들이 조심해야 될 나라다. 유괴, 강도, 살인사건 등이 세계에서 매우 많이 일어나는 나라 중 하나다.

필자는 이 나라에 자주 출장을 갔다. 바이어는 필자에게 늘 조심하라는 충고를 하곤 했다. 그는 필자와 다닐 때 항상 오래된 소형차를 타고 다녔다. 뿐만 아니라 차량 앞뒤로 보디가드 오토바이를 예약하여 각각 30미터 간격을 두고 차량과 같이 운행했다.

왜 이렇게 복잡하게 다니느냐고 물었더니, 좋은 차량을 타고 다니면 신호등에 걸리는 순간 강도들이 차량의 유리창을 부수고 강도질을 한다는 답이 돌아왔다. 보디가드 오토바이에 탄 사람들은 강도들이 차량에 다가와 강도짓을 할 때 호위를 하는 경호원인 것이다. 경호 오토바이를 탄 사나이들은 필자에게 실탄이 장전된 권총을 보여주며 안심하라고 했다. 정말 위험한 나라다.

이 나라에선 레스토랑에서 식사를 하고 신용카드를 사용할 때 문제가 발생하기도 한다. 카드로 결제할 때 단말기에서 카드정보를 복사하여 돈을 인출하는 사례가 빈번하다. 그래서 가방에 현금을 넣어 가지고 다니며 사용해야 하는데 이 또한 위험하기는 마찬가지다. 정말 쉽지 않은 곳이다.

콜롬비아에 몇몇 거래처가 있어 부정기적으로 방문하게 된다. 이 나라에서 규모가 있는 회사들은 방탄차량을 이용한다. 지프가 많은데 방탄차여서 그런지 승차해 보면 묵직하다는 느낌이 온다. 그런데 다소 안심되는 한편으로 더욱 불안한 느낌도 엄습한다. 방탄차이고 고급차이니 강도들의 관심을 받을까 걱정이 드는 것이다.

재다신약(財多身弱)이라는 말이 생각이 난다. '재물이 많으면 몸이 약해진다'는 말인데 사주명리학(四柱命理學)에서 사용하는 용어이다.

보고타 시내에 이른 새벽에 나가보면 무장 군인들이 도로 옆으로 길게 늘어서 있는 것을 볼 수 있다. 이들은 '피아식별띠'를 두르고 경계를 한다. 이 광경만으로도 치안이 좋지 않음을 짐작할 수 있다.

과테말라에서는 모든 회사와 식당에서 안을 들여다 볼 수 없게 해 놨다. 육중한 대문에서 산탄총을 가진 경비원들이 무섭게 노려본다. 시내에서 좀 떨어진 곳에 일 때문에 가려고 하면 지인들 모두 손사래를 친다. 위험하니 가지 말라는 뜻이다.

이런 곳에 가면 일만 죽어라 하는 것이 상책이다. 식사는 현지 바이어와 같이 하고 곧바로 호텔로 돌아와 쉬는 것이 제일 안전한 것이다.

위험하다고 비즈니스를 포기할 수는 없지 않은가. 기회는 위험한 곳에 있는 법이다. 남들이 포기한 곳에는 항상 전리품이 넘친다. 이것이 '신시장의 법칙'이다.

02

다사다난 해외출장… 공항에서 생긴 일

해외출장을 다니다 보면 공항에서 다양한 일을 겪게 된다. 그리고 공항에서의 일은 대체로 긴급하면서도 예기치 못한 것이어서 당황스럽다.

문제가 가장 많이 발생하는 국가는 미국이다. 이 나라는 오가는 승객이 많은 데다 중남미 국가로 환승하는 사람까지 있어 공항마다 북적댄다. 대부분 공항이 규모가 크고 매우 복잡할 뿐만 아니라 관계자들이 권위적이어서 항상 조심해야 한다.

엄격하고 권위적인 미국 입국

미국은 적성 국가 방문자에 대한 규제가 엄격하다. 이전에 리비아, 이란, 이라크, 수단, 시리아, 예멘, 소말리아, 북한 등을 방문한 사람은 기존에 미국 비자를 가지고 있어도 필히 자국의 미국대사관에 가서 다시 비자를 받아야 한다. 필자도 업무차 이란과 수단을 방문한 전력이 있어서 많은 서류를 준비하여 미국 비자를 재발급받았다.

미국 방문 시 '이스타(ESTA, 비자 면제 프로그램)'를 사용하면 편리하지만, 필자에게 그런 혜택은 없었다. 문제는 중남미에 갈 때 필히 미국을 거쳐야 하는데, 필자가 여권을 이민국에 제시하면 항상 공항경찰 두 사람이 와서 연행하는 것이었다. 그리고 이어지는 취조를 통과해야 여권을 돌려주었다. 대부분 시간이 촉박한 환승 비행기를 타야 하는데 정말 곤욕이었다.

그렇게 3년이 지나고 나서 미국 입국 심사대에서 담당 직원이 필자에게 알려 주었다. "3년간 예의 주시한 결과, 아무 혐의가 없으므로 앞으로 연행은 없을 것이다. 굿럭(Good Luck) & 굿트립(Good Trip)."

한 번은 중남미에서 뉴욕을 거쳐 한국으로 오려는데, 공항경찰에 연행됐다. 중남미 칠레나 브라질에서 뉴욕까지 오면 매우 피곤하다. 그래서 뉴욕에서 20여 시간 쉬어 가려고 공항 옆 호텔을 예약했다. 하지만 주소를 알수 없어 미국입국카드 체류지 공란(空欄)에 호텔 이름만 명기했는데 그것이 문제의 시발점이 되었다.

'스테레오 타입(편견)'을 가진 이민국 직원은 다시 작성하여 오라고 했다. 공항 근처이지만 주소를 모르겠다고 하니 그래도 알아서 작성하라는 답이 돌아왔다. 휴대폰으로 주소 검색을 하려 하였으나 배터리가 방전돼 그마저 실패하고 다시금 줄을 섰다. 이민국 직원에게 상황을 설명하고 좀 봐 달라고 하니 안 된다고 하며 다시 작성하라며 고압적인 태도로 일관했다.

필자가 25년 동안 미국을 왕래했는데 왜 이번에만 주소를 요구하는지 따졌다. 이민국 직원은 규정을 지킬 뿐이라며 절대 입국을 허가할 수 없다고 했다. 그 직원이 어디론가 전화를 했다. 잠시 후 덩치가 큰 권총을 찬 두 경찰이 나의 팔짱을 끼더니 가자고 했다. 결국, 불법으로 입경한 중남미 사람들과 같은 방에 갇혀 한참을 기다렸다가 취조를 받았다.

그런데 취조하던 직원이 컴퓨터로 나의 신상명세를 보더니 왜 여기에 있느냐고 물었다. 그래서 호텔 주소를 알지 못해 왔다고 하니, 웃으며 그냥 가라고 했다. 중남미 출신 미국인으로 보이는 이 직원은 필자의 여권을 보며 직업이 무엇이냐고 물었다. 필자가 중남미 국가들과 사업을 하고 있다고 답하니 갑작스레 친근감을 보이며 열심히 사업 잘하라고 했다. 당연히 경범죄(괘씸죄)는 사라졌지만, 만약 해결이 잘 안 되었다면 다시 미국에 입국할 때마다 고생했을 것이다.

1분 늦는 바람에 3일 낭비한 사연

아르헨티나에 가야할 일이 생겨 경유지인 샌프란시스코 공항에 도착했다. 일행 한 분의 짐 가방이 늦게 나오는 바람에 함께 기다렸다가 아르헨티나행 탑승을 위해 체크인하려고 뛰어갔다. 비행 출발 40분 전이므로 별 신경을 쓰지 않았는데, 항공사 직원은 시계를 가리키며 1분 전에 마감(Closing)했다며 탑승 불가를 외쳤다. 부탁에 부탁을 거듭하였지만 담당 직원은 요지부동이었다.

화가 나서 따지니 다시 한 번 더 언성을 높이면 공항경찰에 연락해 연행하겠다고 엄포를 놓았다. 결국, 비행기 탑승을 포기하고 8시간 이후에 있는 다음 비행기를 예약했다.

공항에서 8시간이나 기다렸다가 동일 항공사 비행기 편에 탑승한 후 몸이 피곤해 좌석에서 눈을 감고 수면을 취하려고 하였다.

그런데 기내방송이 반복되고 웅성웅성 소리가 들려 가만히 방송을 들어보니 모두 내리라는 것이었다. 남미 지역에 화산이 폭발해 비행이 취소됐다는 내용이었다. 비행기에서 내린 후에는 언제 화산경보가 풀릴지 몰라 공항에서 48시간이나 대기했고, 결국 경보가 해제되어 출발했다. 샌프란시스코 공항에서 56시간이나 체류한 것이다.

마침내 아르헨티나에 도착했지만 이미 모든 약속이 취소된 후였다. 호텔에서 잠시 쉬었다가 바로 브라질로 이동했다. 단 1분 늦은 도착으로 인해 3일을 낭비하고 미팅을 모두 망친 셈이다. 필자의 비즈니스 여행 중 가장 엉망이 된 경우였다.

2000년 여권은 왜 그리 조잡했을까

여권을 많이 사용한 경험이 있는 사람들은 2000년에 발행된 여권을 기억할 것이다. 여권에서 중요한 인적사항과 사진이 붙은 페이지가 재봉실을 따라 떨어지는 것이다.

필자의 여권은 다 떨어지기 일보 직전으로 3mm 정도가 남은 상태였는데, 중국 이민국에서 잠깐 조사실로 가자고 했다. 여권 정밀감식이 필요하다는 이유였다. 검사를 받은 후 다음에는 이렇게 너덜너덜한 상태로 들고 다니지 말라는 충고를 들었다.

이 일이 있고 난 후 너덜너덜한 여권에 투명테이프를 붙이려고 하였다. 그러다 혹시 몰라 여러 친구에게 물어보니 여권에 인위적으로 테이프를 붙이면 위조된 것으로 오해받을 수 있으니 붙이지 말라고 했다. 그래서 바로 여권을 바꾸려 했지만, 기존 여권에 들어 있는 각국의 비자들과 연속으로 이어지는 출장으로 인해 바꿀 수가 없었다. 이후 해외출장에서 여권을 이민 국에 보여줄 때마다 긴장해야 했다.

결국, 2001년 여권의 페이지를 모두 채우고 폐기함으로써 그 위기가 정리되었지만, 당시 정부에서 왜 가난한 나라의 여권보다 못한 품질의 여권을 만들었는지 지금도 이해가 안 된다. 당시 각 나라 이민국에서 한국 여권이 잘 떨어지는 상황을 이해하는 듯한 느낌도 여러 차례 받았다. 오죽 문제가 많았으면 그랬을까 생각해 본다.

전투 아닌 전투를 치러야 하는 라고스 나이지리아 라고스 공항은 정말 혼잡하다. 입국할 때는 문제를 잘 모르지만, 출국할 때에는 전투 아닌 전투를 치러야 한다. 어느 나라 공항이든 대체로 출국에 3시간 정도면 충분하지만, 라고스 공항은 불가능하다. 최소 4시간 전에는 도착해야 한다. 그러나 4시간 전이라도 조심해야 한다. 출국을 위해 줄을 서면 중간에서 새치기가 심하다. 줄도 엉망이지만 업무속도도 매우 느리다.

언젠가 기다리다 못한 필자가 공항에 근무하는 직원에게 방법이 없느냐고 넌지시 물으니 방법은 많다고 했다. 그러면서 가장 간단하고 정확한 방법을 알려줄 테니 돈을 달라는 것이었다. 5달러를 접어서 주니 필자가 비즈니스 클래스 통로로 체크인할 수 있도록 조치해 주었다. 2시간을 넘게 기다려도 대책이 없던 일이 단 1분 만에 해결되었다.

체크인 후 이민국에 도착하여 줄을 보니 또 앞이 보이지 않았다. 기약 없이 서 있다간 비행기를 놓칠까 두려워 이민국 직원에게 방법이 없느냐고 물어보니, 그 역시 5달러를 요구했다. 미련 없이 주었더니 필자를 맨 앞에 데리고 가서 2분 안에 처리가 되도록 해주었다. 10달러로 3시간 소요될 일을 20분 안에 끝냈다.

베네수엘라에서는 자못 황당한 일이 많았다. 카라카스에서 미국 뉴욕으로 이동하려고 공항에 일찍 도착했는데 예약된 비행기 편이 승객이 적다는 이유로 취소됐다. 어이가 없어 항공사 매니저를 불러 무슨 일인지 다시 물어보니 종종 발생하는 일들이라며 대수롭지 않게 대답했다. 베네수엘라에서는 경제 위기로 손님이 없는 항공기는 취소 가능하다고 한다. 강력한 압박으로 5시간 후 다른 비행기를 타고 미국으로 복귀했지만, 승객이 적다는 이유로 출항을 취소한 사례는 처음 보았다. 이후에 베네수엘라 출장길에는 항상 하루 전에 운항 여부를 확인하는 습관이 생겼다.

아프리카 지역에 출장을 가려면 황열병(YELLOW FEVER) 증명서가 필수다. 가지고 가지 않으면 도착 즉시 공항에서 맞아야 한다. 가나에서 날짜가 지난 것을 확인하지 못해 입국이 불허되었고 다시 접종해야 하는데, 그냥 눈감아 준 공항직원도 생각이 난다. 만약 공항에서 접종하면 접종 후유증으로 3일 동안 일을 못 하게 되는데 위기를 잘 넘긴 것이다.

매우 열악한 환경의 수단 카르툼 공항

수단으로 출장을 갔을 때의 일이다. 에티오피아 아디스아바바에서 수단 카르툼으로 가려는데 비행기를 보고 너무 놀랐다. 국제선임에도 프로펠러 비행기였고 크기가 매우 작았다. 탑승 인원이 최대 40~50명 정도였는데 소음과 요동이 심했다. 어쨌든 45도가 넘은 날씨에도 불구하고 잘 날아 수

나이지리아 라고스공항은 늘 많은 출국대기 승객들로 넘친다.

단에서 거래처를 만나 업무를 마쳤고, 귀국하기 위해 공항에 도착하여 체크인했다. 그런데 비행기가 준비되지 않았다는 것이었다.

고장으로 수리하는 데 12시간 이상 소요된다고 하여 무작정 대기실에 앉아 기다렸다. 그런데 공항 라운지가 어느 지방 군소도시의 버스 대합실 같았다. 화장실은 전쟁터를 방불케 했는데 지저분하고 냄새도 고약했다. 의자도 오래된 구식에 일부 파손도 있어 국제공항 같지가 않았다. 다행히 비행기가 수리되어 14시간 이후에 그 조그마한 비행기를 타고 아디스아바바 공항에 도착하니 천국이 따로 없었다. 수단 카르툼 공항은 필자가 가 본 전 세계 공항 중에서 가장 열악한 곳이었다.

03

중국인들의 아프리카와 중남미 진출

중국인과 중국기업들의 아프리카와 중남미 진출은 오래됐고 규모가 매우 크다. 중국 정부의 신흥시장에 대한 직접투자도 엄청나다. 중국 정부 입장에서 보면 자국의 노동력 이동은 일거양득이다. 하나는 중국 내 부족한 일자리를 해외에서 찾을 수 있게 되는 것이고, 다른 하나는 해외로 간 노동자들의 수입이 중국의 새로운 중산층 형성에 기여하는 것이다.

2020년 말 기준 아프리카에 있는 중국인 노동자의 수는 10만4074명으로 전년 대비 43% 감소했다. 코로나19로 인한 투자 감소와 이동제한 등의 영향이다. 아프리카에서 일하는 중국인은 2015년 26만3659명을 정점으로 감소 추세를 보이고 있다. 2020년 아프리카 내 중국인 근로자 수 상위 5개 국은 알제리, 나이지리아, 에티오피아, 콩고민주공화국, 앙골라다. 이들 5

개 국가에 아프리카에 있는 전체 중국인 근로자의 46%가 몰려 있다. 이 중 알제리에 있는 중국인 근로자는 전체 아프리카 중국인 근로자의 17%로 가장 많다. 이 수치는 비공식 이민자는 포함하지 않은 수이다.

중국인은 많고 한국인은 적은 아프리카

중국-아프리카 양자 간 교역은 지난 20년 동안 꾸준히 증가해 왔다. 그러나 코로나19로 인한 공급망 붕괴로 2020년 중국-아프리카 무역액은 1760억 달러로 2019년도 1920억 달러에서 감소했다.

2020년 아프리카 국가 중에서 중국으로 가장 많이 수출한 나라는 남아프리카공화국이었고 앙골라와 콩고민주공화국이 그 뒤를 이었다. 반대로 중국 상품의 가장 큰 구매자는 나이지리아였고 남아프리카와 이집트가 그 뒤를 이었다.

중국의 아프리카에 대한 직접투자(FDI) 상위 5개 국가들은 2020년 기준 케냐, 콩고민주공화국, 남아프리카공화국, 에티오피아, 나이지리아다. 참고로 미국의 아프리카에 대한 직접투자는 모리셔스, 세이셸, 나이지리아, 가봉 순이다.

중국기업과 중국인들이 아프리카에 적극적으로 진출하고 있는 반면 한국기업과 한국인들은 매우 적은 편이다. 한국인은 아프리카 대륙과 그 주변 섬을 포함하여 아프리카 49개국에서 거주하고 있다. 2005년 기준 아프리카에 거주하는 한인은 9200명으로 추산되는데 이 중 거의 절반이 남아프리카에 살고 있다.

필자는 아프리카 여러 나라에 출장을 갈 때마다 아프리카로 향하는 길에 중국인들이 많다는 사실과 한국인들은 거의 찾아보기 힘들다는 사실을 체감했다. 아프리카 출장길에 필자가 탑승한 모든 비행기는 대개 중국인들로 만석을 이뤘다. 노동자들과 기업가들이 대다수이지만 여행사, 식당 등을 하면서 나름의 '아프리카 드림'을 이루고자 도전을 하는 사람들도 많이 보았다.

가장 인상 깊었던 것은 이들 중 대다수가 30대 초반의 젊은 청년들이라는 점이다. 이들이 탄탄한 기술과 새로운 지식으로 무장하고 아프리카에서 성공하겠다는 일념으로 시장 개척을 하는 모습을 보면서 많은 부러움을 느꼈다. 아프리카에는 30대 중반에 중견기업의 지사장으로 근무하는 중국 젊은이들이 많다. 한국에서는 아직 어리다고 생각할 나이지만, 이들은 500여 명의 현지 직원들을 관리한다. 한국에서도 이런 진취적인 젊은이들이 많았으면 하는 생각을 가지게 된다.

필자가 과문해서 그런지 모르겠으나, 아직 한국의 젊은이들 사이에서 아프리카에 대한 관심은 찾아보기 힘든 것 같다. 하루빨리 아프리카에 관심을 가지고 도전하는 젊은이가 많이 나오길 바란다.

지구 반대편에서도 존재감 두드러지는 화교 사업가들

중국이라는 나라, 중국기업, 중국인들의 진출이 눈에 띄는 것은 중남미에서도 마찬가지다. 베네수엘라, 브라질, 도미니카공화국의 소도시를 돌아다니다 보면 화교들이 운영하는 중국 식당을 손쉽게 찾을 수 있다.

이 나라들뿐이 아니다. 중남미 어디를 가더라도 중국 식당이 없는 곳은 곳을 찾기가 어렵다. 고급 식당부터 노동자들이 즐겨 찾는 저렴한 식당까지 형태도 다양하다. 인기도 많다. 현지 음식보다 저렴하게 도시락처럼 간단하게 판매를 하는데, 중남미 사람들 입맛에 잘 맞는 듯하다.

중남미에는 아시아계가 450만 명가량 거주하고 있는데, 이는 중남미 전체인구의 1%에 해당한다. 물론 중국인이 가장 많다. 아시아계의 절반이 중국인이다.

중국인들이 많이 거주하는 나라들로는 브라질(20만 명), 페루(6만 명), 베네수엘라(5만 명, 파라과이(4만 명)를 꼽을 수 있다. 필자가 이들에 대해 관심을 가지게 된 이유는 이들과 수출시장에서 경쟁해야 하기 때문이다. 중남미 국가가 중국 본토와 거래를 하는 데 있어 현지에 진출한 중국인들은 언어적 이점을 갖게 된다. 또 이들이 가진 자본력 역시 상당한 무기가 된다.

한국기업이 어떤 상품을 수출하더라도 중남미에서 중국인들을 피할 수 없다. 바이어가 되든, 경쟁자가 되든 필수적으로 모든 중남미 국가에서 그들을 만나게 된다. 그러므로 그들을 이해하고 전략을 세우는 것이 매우 중요하다.

특히 페루에는 성공한 화교들이 많이 거주하고 있고, 사업 규모도 커서 페루 경제의 일정 부분을 이들이 차지하고 있다. 언젠가 칠레의 자유무역지대 '이끼께(Iquique)'에 방문한 적이 있었다. 중남미 시장의 교두보이자 물류의 거점으로 생각하고 시장조사를 하다가 포기하고 말았다. 그곳의 거의 모든 회사들이 중국회사들이었다. 예를 들면, 큰형은 중국에서 제조하고 있고, 둘째는 이끼께에 들어와 중남미 시장에 물건을 판매한다. 그러니 내가 끼어들고 경쟁할 자리가 없다는 판단이 든 것이다. 가격은 매우 저렴하고 공격적이다. 중국인들은 사업을 '셩이(生意)'라고 한다. 살아가는 의미라는 말인데, 곧 삶이 장사라는 것이다. 그만큼 인생을 비즈니스에 '올인'한다.

칠레 북부 해안과 사막에 위치한 이끼께(Iquique) 자유무역지대에 삼성 광고가 눈에 띈다.

'한상'도 화교 사업가 네트워크처럼

한국인들은 중남미 여러 나라에 대략 9만여 명이 거주하고 있는 것으로 알려진다. 가장 많이 거주하는 국가는 브라질(4만8000명)이며 다음이 아르헨티나(2만8000명)다.

최근 한국정부에서 '한상'의 역할에 주목하고 지원하는 것은 매우 잘하는 일이다. 중화권의 화교들을 보노라면 그들의 견고한 네트워크가 부럽다는 생각을 하게 된다. 전 세계 화교들이 대략 5000만 명이라고 하는데, 한국의 인구수와 비슷하다. 이들은 전 세계에 골고루 분포하며 대다수가 현지 상권에 영향을 미친다. 아시아 각국에서 이들의 능력이 뛰어나다는 사실은 널리 알려졌지만, 중남미에서도 두각을 나타내고 있다는 사실은 잘 알려지지 않았다. 아프리카에서도 화교의 역사가 깊지 않으나 이미 곳곳에 뿌리를 내리고 있어 향후 이들의 움직임을 잘 관찰할 필요가 있다.

세계 어디를 가도 차이나타운(China Town)이 없는 곳이 없다. 약 5000만 명의 화교(華僑)와 화상(華商) 네트워크는 현대 중국 성장의 밑거름이며 동시에 대외에 막강한 그들의 위상을 보여준다. 중국에는 "장사가 된다면 공자라도 팔아라"라는 말이 있다. 공자는 논어에서 "가난한 사람이 세상을 원망하지 않는 것은 어렵고, 돈 많은 부자가 교만하게 처신하지 않는 것은 의외로 쉽다"고 했다. 중국인들의 부에 대한 생각을 알 수 있게 한다.

04

적대적 이웃으로 살고 있는 국가들

인간을 움직이는 두 개의 지렛대가 있다. 하나는 공포이며 다른 하나는 이익이다. 독일의 대문호 괴테가 한 말이다. 사업을 하면서 이 말에 공감할 때가 많았다.

무역은 속성상 원거리에 있는 낯선 사람들과 거래다. 바이어 입장에선 아직 신뢰 관계가 만들어지지 않은 사람과 거래를 해야 하니 많은 걱정을 하게 된다. 그래도 거래를 하는 이유는 이익이 있기 때문이다.

따라서 셀러 입장에서는 낯선 사람에 대한 바이어의 공포를 없애는 일이 중요하다. 그 방법의 하나가 대화다. 대화의 기법은 매우 다양하겠으나, 여기서는 상대방이 싫어하는 대화를 하지 않는 것의 중요성을 강조하고자 한다. 비교적 쉽게 상대에게 다가가고 빠르게 신용을 얻는 방법이다.

그러한 면에서 상대 국가의 역사를 이해하는 것은 매우 중요한 일이다. 필자가 도미니카공화국에 출장을 갔을 때 일이다. 바이어와 만찬을 즐기던 중 뜻밖의 대화 전개에 놀랐다. 필자가 조만간 아이티에 출장 가서 새 시장을 개척하려고 한다고 했더니, 그 바이어는 가지 말라고 난리다. 그는 그 나라(아이티) 사람들이 모두 도둑놈들이고 사람 같지도 않다며 얼굴색이 벌게지도록 흥분했다.

나중에 알아보니, 도미니카공화국과 아이티는 앙숙 관계였다. 이웃이지만 오랜 전쟁으로 두 나라는 원수가 되었다. 현재 도미니카공화국의 경제 규모는 아이티공화국의 10배 이상이고 많은 아이티 불법노동자들이 산토도밍고(도미니카공화국의 수도) 지역에서 일하고 있다.

어쨌든 도미니카공화국에 가면 아이티 이야기를 하지 않는 것이 좋다. 만일 이를 모르고 도미니카공화국 바이어에게 아이티를 응원하거나 칭찬하는 말을 한다면, 거래가 매끄럽게 이뤄지기 어려울지도 모른다.

한국과 일본처럼 사이가 좋지 않은 국가들을 찾아보면 생각보다 많다. 공통점은 이웃 나라라는 점이다. 역사적으로 전쟁은 대개 이웃 나라와 하게 마련이다. 멀리 떨어진 나라와는 전쟁할 이유도 크지 않고 전쟁 비용도 엄청 들기 때문이다.

미국과 멕시코도 사이가 안 좋다. 트럼프 대통령 시절 멕시코 장벽을 설치한 배경에도 구원의 역사가 자리 잡고 있다. 미국과 멕시코는 19세기 중반에 전쟁을 치렀고 멕시코는 당시 자국 영토였던 지금의 미국 남부지역 대부분을 잃었다. San이나 Los로 시작하는 지명은 과거 대부분 멕시코 땅이었다. 멕시코가 미국에 대해 가지는 반감은 여기서 비롯됐다. 현재는 경제력의 차이로 미국으로의 불법이민 문제가 생겼고 두 나라는 항상 다투고 있다.

필자가 중남미를 다니면서 가장 많이 놀라운 점은 이웃 나라 사이에 앙숙 관계가 생각보다 많다는 것이다. 그 중 하나는 아르헨티나와 칠레다. 두 나라는 모두 스페인의 식민지였으나 스페인으로부터 독립한 후 안데스 산맥과 파타고니아 남부지역의 영토, 국경문제로 수없이 갈등과 분쟁을 빚어왔다. 외국 사람인 필자도 현지에 가면 두 나라 사이에 감정의 골이 깊다는 것을 피부로 느낀다.

적대적 이웃이 많은 중남미 국가들

브라질과 아르헨티나는 사정이 조금 다르다. 각각 포르투갈과 스페인의 식민지 지배를 받으면서 서로 다른 길을 걷게 되었다. 아르헨티나는 인종 구성에서 주로 백인으로 이뤄져 있지만, 브라질은 백인, 인디오, 아프리카계, 아시아계 등의 여러 혼혈 인종들로 구성되어 있다. 두 나라는 축구만 하면 서로 전쟁 같은 상황이 벌어지지만, 예전처럼 반목은 없는 듯하다.

브라질과 우루과이는 매우 적대적이다. 우루과이는 과거 브라질에 속해 있었지만, 아르헨티나의 도움으로 독립국이 되었다. 이후 브라질은 우루과이를 병합할 기회를 노려 왔고 우루과이는 독립국의 지위를 유지하기 위해 힘쓰다 보니 관계가 좋지 않게 됐다. 두 나라 사이는 한일관계처럼 매우 좋지 않다. 브라질 바이어가 필자에게 우루과이와 거래를 하느냐고 물어보면, 늘 거래 관계가 없다고 답한다.

콜롬비아도 브라질과 사이가 안 좋다. 과거 브라질에 의해 콜롬비아가 차지했던 남부 아마존 밀림 지역 일대를 대거 강탈당한 적이 있어서다. 두 나라 사이는 거의 '견원지간'이다.

에콰도르와 페루는 영토문제로 전쟁을 세 번 치렀다. 특히 에콰도르 사람들의 페루에 대한 감정이 좋지 못한 편이다. 축구에서 두 나라 국가 대표가 붙으면, 브라질과 아르헨티나 못지않게 열광적이 된다.

콜롬비아와 베네수엘라는 한때 하나의 나라였지만 나뉘었다. 베네수엘라가 콜롬비아 반군을 지원하면서 감정이 좋지 않게 됐다. 대통령도 중남미에서는 보통 보수적인 대통령이 나오지만, 베네수엘라는 반미주의자와 좌파로 구성되어 물과 기름 같다. 최근 베네수엘라의 경제 파탄으로 콜롬비아와의 사이가 더욱 나빠졌다.

볼리비아와 칠레도 전쟁을 치렀다. 볼리비아는 안토파가스타(Antofagasta) 해안 지대를 칠레에게 빼앗겼는데, 이로 인해 바다가 없는 내륙국가로 전락하여 막대한 타격을 입었다. 칠레에게 빼앗긴 안토파가스타지역만큼은 반드시 되찾아 해양국가가 되겠다는 복토의 꿈은 볼리비아로 하여금 칠레와 국교조차 맺지 않게 했다. 바다가 없지만, 해군이 존재하는 이유이다.

파라과이와 아르헨티나, 브라질의 관계는 삼국동맹 전쟁에서 패한 파라과이가 자국의 영토를 아르헨티나와 브라질에 빼앗긴 역사로 인해 앙금이 남아있다. 니카라과와 코스타리카도 비슷하게 영토전쟁을 치렀던 적이 있어 사이가 좋지 않다.

아프리카도 이웃 나라와 갈등 많아

아프리카에서 가장 사이가 좋지 않은 이웃 국가는 남수단과 수단이다. 종교와 역사, 언어 등이 모두 다른 이 두 나라는 1956년에 하나의 수단으로 통합

되었지만, 2011년 분리되었다. 수단은 이슬람 국가이며 아랍어를 사용하지만, 남수단은 기독교 국가이며 영어를 사용한다. 본질적으로 다른 두 나라가 영국에 의해 식민지 정략으로 합병되었다가 다시 갈라선 것이다. 특히 아비에이(Abyei) 지역에서 대규모 유전이 발견되면서 내전까지 발생했고 2013년 10월에는 아비에이 지역 주민들을 대상으로 수단과 남수단 중 하나를 선택하는 주민투표가 실시됐다. 수단을 지지하는 아랍계 미세리야족이 불참하고 딩카족만 참여한 투표에서 99% 이상이 남수단으로 귀속되는 것에 찬성했으나, 수단에서는 이를 인정하지 않고 있어 여전히 분쟁의 소지가 있다.

남아프리카공화국과 나미비아도 사이가 안 좋다. 나미비아는 독일의 식민지로 있다가 독일이 1, 2차 세계대전에서 패배한 후 남아공의 식민지가 되었다. 남아공은 '아파르트헤이트(흑백 인종차별)'를 적용하여 나미비아 흑인들을 강압적으로 억눌렀다. 이에 나미비아 국민은 저항했고 1990년 독립에 성공했

가나의 아크라에서 바이어와 함께 즐거운 한 때를 보냈다.

다. 그러나 국경하천인 오렌지강을 두고 분쟁 중이다.

에티오피아와 에리트레아는 2018년 전격적인 평화협정으로 대사관 개설 및 항공노선 개통 등 우호적인 관계로 변했지만, 에리트레아인들은 에티오피아의 지배를 받은 경험과 오랜 전쟁으로 에티오피아인들에 대하여 좋지 않은 감정이 있다. 단시간에 그런 감정이 해소될 수는 없는 법이다.

우간다와 케냐도 빅토리아 호 안에 있는 작은 섬들과 호수 수역을 두고 영유권 분쟁을 하고 있다. 케냐와 남수단은 케냐가 실효 지배하고 있는 일레미 삼각지구(Ilemi Triangle) 영토문제로 갈등이 깊다. 케냐가 남수단의 독립을 지지하지만, 두 나라는 영토문제로 오랜 기간 분쟁이 있었다. 또한, 케냐인들의 남수단 난민들에 대한 억압으로 인한 앙금이 이어져 오고 있다.

리비아와 이집트, 말라위와 탄자니아, 모로코와 알제리 등도 영토문제로 신음하고 있다. 모잠비크와 말라위 관계에서처럼 아프리카의 국가 간 분쟁과 내전은 아프리카의 복잡한 탄생에서 기인한 점도 있다.

유럽이나 오세아니아, 아시아 및 중동에서도 이웃 나라와 분쟁은 피할 수가 없다. 출장을 갈 때마다 느끼지만, 사사로이 이웃 나라에 대한 언행을 표출하는 것은 비즈니스에 도움이 안 된다. 여행하는 동안에도 여행국과 적대관계에 있는 나라에 대한 공공연한 칭송은 사려 깊지 못한 행동이다.

그러므로 어느 지역을 가더라도 유의해야 할 사항이나 문화의 차이점에 대해 알고 간다면, 그게 비즈니스이든 여행이든 별 문제점이 없을 것이다. 항상 기억해야 할 것은 공교롭게도 세계 어디에도 옆 나라와 사이가 좋은 나라는 없다는 점이다.

05

브라질 사람들의 독특한 비즈니스 문화

몇 해 전 2월 어느 날 브라질 바이어로부터 연락이 왔다. 2월 25일부터 카니발을 시작하니 대금결제를 늦추겠다는 내용이었다. 필자가 90일까지 외상을 주고 있는데, 카니발을 핑계로 대금지급을 더 미루려는 것이다. 바이어는 일주일 동안 은행도 관공서도 모두 스톱이니 이해해 달라고 했다.

아마 그 바이어와 가족 혹은 친지, 친구들은 거대한 이과수폭포에서 떨어지는 폭포수만큼 많은 맥주와 와인을 마시며 축제를 즐겼을 것이다. 정말 낙천적인 성격의 소유자들이다. 카니발 기간 중 모든 것을 뒤로 미루고 확실하게 즐거운 시간을 보내는 이 나라 사람들을 보면, 타고나지 않고서야 어떻게 저렇게 하겠는가 하는 생각이 든다.

브라질 사람들은, 비즈니스의 시작은 카니발 이후부터라고 말한다. 한국인들은 이해를 못할 것이다. 모든 것을 팽개치고 일 년 동안 쌓인 스트레스를 축제를 통해 뜨겁게 분출하고 해소한다. 가난한 구두수선공의 아들로 태어난 축구의 신 펠레(Pele)의 나라이자 거대한 아마존과 다양한 문화를 품은 브라질은 정열의 표상이다.

진솔하고 대국적인 브라질 사람들

필자는 몇 년 전부터 권토중래하는 마음으로 브라질 시장을 다시 공략하고 있다. 그런데 바이어들이 예전 같지 않다. 나이가 젊었을 때는 나이가 많은 바이어와 일을 하는 것에 대해 약간의 부담을 느꼈지만, 나이가 드니 오히려 어린 바이어들과 대화를 하는 것이 어렵다. 이건 세월 탓일지 모른다.

한 가지 확실하게 느낀 것은 상대의 문화를 이해하려는 그들의 수용성(Acceptance)이 예전보다 높아졌다는 점이다. 브라질은 다양한 인종과 피부색으로 이루어져 사람들 간의 친절함으로 인종차별을 감추려 한다.

하지만 가진 자와 가진 게 없는 자 사이에 사회적 장벽과 차별은 여전하다. 또한 사회적 위계질서에 대한 도전도 용납이 안 된다. 독특한 그들의 사회적 구성에서 기인된 문화인 것 같다.

필자가 브라질 시장에 재도전하면서 발견한 또 하나의 새로운 점은 브라질 사람들이 거래를 할 때 진솔하다는 것이다. 마음을 열고 대화를 하는 모습이 참 좋다.

다른 중남미 사람들과 마찬가지로 복잡한 경향도 있지만, 상대적으로 매우 대국적인 점도 특징이다.

필자는 전 세계에 거래처가 분포하여 다양한 사람들을 만나볼 기회가 있었

브라질 리우 카니발 축제 퍼레이드 2019.

는데, 대체로 대륙인들의 분위기는 섬나라 사람들과 차이가 있었다. 섬나라 국민들이 다혈질이고 즉흥적이며, 이기적인 면이 있는 반면, 대륙에 있는 나라들은 반대인 경우가 많았다. 브라질이 그랬다.

최고경영자들이 비즈니스 결정권을 가진다

브라질은 문화적으로 권리거리(Power Distance)가 크고, 개인주의(Individualism)와 집단주의(Collectivism)의 중간에 위치한 것으로 분석된다. 그래선지 회사의 조직문화는 수직계열로 이루어져 대표의 권한이 매우 크다. 상대적으로 직원의 권한은 크지 않다고 생각해도 맞다.

이러한 조직 문화를 상대로 마케팅을 할 때에는 직원들보다 최고경영자를 우선 공략하는 것이 중요하다. 비즈니스 상담을 할 때 그들이 서구사람들과 비슷한 체계를 가지고 있다고 생각하면 오산이다. 대체로 최고경영자들이 모든 것을 결정한다. 회사의 규모와 상관없이 대부분의 회사들은 조그마한 일들까

2018년 아르헨티나 출장에서 처음으로 주말을 이용하여 이과수폭포를 보러 가고 있다.

지 대표들이 모두 실무에 관여한다.

유능하고 인상적인 브라질 바이어들 중 나에게 브라질 문화를 이해하게 만들어준 몇몇 바이어들이 있다.

먼저 E사의 B씨. 젊고 똑똑하고 유능하다. 필자의 회사에서 4년여 동안 그와 연락을 지속해 왔지만 거래는 없는 상태였다. 어느 날 필자가 그와 전화 통화를 하게 되었다.

통화를 하다말고 갑자기 그가 화상통화를 제안해 온라인 대면미팅이 이뤄졌다. 그는 업무보다는 자신의 인생사와 생각들을 털어놓았는데, 느낌이 이전과 많이 달랐다.

B씨는 어렸을 때 사진을 보여주면서 자신이 태권도를 배웠다는 것을 강조하고 한국에 애정을 가지고 있다고 말했다. 이에 필자도 군복무를 할 때 받은 태권도 1단 단증을 보여주었는데, 이것만으로 그의 태도가 많이 바뀌었다. 한국에서는 군대 제대한 사람들은 모두 국기원에서 발행한 태권도 1단 단증 정도는

가지고 있다는 것을 외국인들은 알 수 없을 것이다.

또한 B씨는 중국에서 외교관으로 근무했던 친척 덕분에 중국에 대해 매우 잘 알고 있었고, 중국어로 된 이름도 사용하고 있었다. 그에게 필자가 중국에 현지법인을 가지고 있고, 중국어도 가능하다고 하니 관련 대화가 이어졌다.

며칠 후 B씨와 거래에 대한 세부사항 논의가 이뤄졌고 바로 거래가 시작됐다. 그는 현재 필자의 제1 바이어가 되었다.

그가 필자더러 자신의 사부가 되어 달라고 하면서 평생 일을 같이하자고 해 매우 놀랐다. 필자는 그가 왜 그런 결정을 했는지 지금도 아리송하다.

제품 불량을 대하는 자세의 중요성

D사의 F씨는 또 다른 유형의 바이어다. 소주를 좋아하는 그는 필자가 최근 몇 년 동안 만났던 사람들 중 가장 호인이다. 인상도 매우 좋고 의리가 넘친다.

그를 처음 만난 건 서울에서 열린 정부주최 행사였다. 이후 그가 원하는 디자인을 무난히 개발하여 첫 거래가 이뤄졌다. 그런데 처음부터 제품불량이 발생했다. 필자 회사의 제품을 설치한 전국의 건축물에서 컴플레인이 쏟아졌고 바이어가 큰 손실을 보게 되었다. 의도하지 않았지만 불량이 발생하였으니 어떤 변명도 할 수가 없었다.

결국 F씨에게 전화를 걸어 사과와 함께 모두 책임을 지겠다고 하고, 현금 보상을 약속했다. 그렇게 일단락되었지만 필자의 회사는 큰 손해를 보아 마음이 편치 않았다.

그런데 그 일이 있은 후에 F씨가 계속 오더를 냈고, 안부를 물어 왔으며, 그의 경쟁회사들까지 소개해 주었다. 당시 필자는 그가 자신의 회사에 피해를 입힌 나를 왜 이렇게 잘 대해주는지 이해할 수 없었다. 나중에 F씨는 클레임을 바로 해결해준 필자가 너무 고마워 필자의 손해를 해결하여 주려고 그랬다고 했다. 정말 착한 심성과 아량을 가졌다.

R사의 D씨는 매우 독특하다. 중남미 사람답지 않게 처음부터 매우 큰 오더를 냈다. 그는 간단하게 자신이 구매하고자 하는 금액(단가)을 알려주면서, 수용 가능 여부만 타진했다.

이에 필자가 그 가격이 적정하다고 하니 바로 발주서를 보내왔다. 브라질 사람들은 보통 협상을 3회 내지 4회 정도 하는데, 그가 대범하게 거래를 하는 것을 보고 매우 놀랐다.

브라질은 정말 다양한 문화를 가지고 있다는 생각이 들었다. 그는 필자에게 브라질 시장에 희망을 갖게 만들었다. 코로나 사태가 끝나면 와인 한 잔 하고 싶은 바이어다.

브라질의 독특한 비즈니스 문화들

브라질의 비즈니스 문화에서는 낯선 사람이 거래선을 찾기가 쉽지 않다. 따라서 가능한 한 지인의 소개를 받는 것이 좋다. 그래야 성공률이 높다. 또한 비즈니스를 할 때에는 인내심과 자기 통제의 묘미가 필요하다. 급하지 않은 그들의 문화에서 조급함은 많은 것을 상실하게 만들기 때문이다.

브라질은 정치적인 어려움이 있지만 글로벌 비즈니스 중심지로 빠르게 명성을 얻고 있으며 인구 2억1000만 명으로 현재 세계에서 6번째로 큰 경제 규모를 자랑한다. 앞으로 10여 년 후 브라질은 매우 중요한 경제적 지위에 이를 것이다. 필자가 이런 생각을 갖게 된 이유는 브라질이 가지고 있는 규모의 경제

잠재력과 농업의 중요성 때문이다.

비즈니스로 브라질 사람들을 만나면 깔끔한 옷차림이 인상적이다. 덥고 습한 날씨에도 가급적 정장을 입고 미팅에 참여하는 모습은 동양인들과 차이가 있다. 단순히 커피를 마시는 자리에도 넥타이를 매고 나타나는 그들에게서 신사다운 멋이 풍긴다. 동서양 어디를 가도 옷을 잘 차려 입어서 손해 볼 일은 없다.

브라질 사람들과 비즈니스를 할 때 '예스'와 '노'가 무엇을 의미하는지를 배워야 한다.

브라질뿐만 아니라 중남미 여러 나라에서도 비슷하다. 업무적으로 대화를 하다 보면, 그들의 대답은 대개 예스다. 하지만 예스를 진짜 예스로 이해하여 업무를 진행하면 여러 문제가 파생될 수 있다.

특히 서구의 문화와 차이가 있는 부분이 있는데 바로 '눈맞춤'이다. 보통 북미나 유럽에서는 상대의 눈을 응시하지 않으면 실례가 되거나 부정적인 표현이 되는데, 브라질에서는 높은 사람과 대화를 할 때 존경을 표현하기 위해 눈을 약간 내려뜬다. 그러나 사교모임이나 공공장소에서는 미국 사람들보다 상대방 눈을 많이 응시한다.

브라질은 위계질서가 있어 정중한 호칭을 사용한다. 그러므로 전화나 이메일로 대화를 나눌 때에는 존칭을 사용하는 것이 바람직하다. 또한 한국 사람들처럼 음식이나 음료는 처음에 거절하더라도 몇 번씩 권하는 것이 그들의 관습이다.

브라질 사람들은 대체로 현실적이다. 그들의 속담 중에 '표지만 보고 책을 판단하지 말라'라든지 '손에 있는 한 마리 새가 날고 있는 두 마리보다 더 가치가 있다'는 표현이 있다.

06

중남미 출장 팁

2015년 봄에도 어김없이 중남미에 출장을 가게 되었다. 중남미 출장은 '고행'이다.

비행기 노선을 맞추는 일만 해도 여러 가지 기술적인 면과 전략적인 면이 필요하다. 이번 출장은 뉴욕 노선을 활용하여 콜롬비아와 도미니카로 갔는데, 생각보다 편리했다.

비용보다는 최단 노선을 선택하라

남미에 가려면 미국을 경유해 가는 방법이 일반적이다. 경유할 수 있는 공항은 로스앤젤레스, 샌프란시스코, 뉴욕, 휴스턴, 댈러스 등 매우 많다. 가능한 비용보다는 최단노선을 선택하는 것이 현명한 방법이다. 만일 페루 방향으로 갈 계획이면 미국 서부지역을 경유하는 것이 유리하며, 베네수엘라 등 카리브해 연안국에 가고자 한다면 미국 동부지역 도시를 경유하는 것이 좋다.

보통 중남미 지역으로 출장을 가면서 하나의 국가에만 들르는 것은 효율적이라고 할 수 없다. 한국에서 거리가 멀고 비용도 많이 소요되므로 필자의 경우 통상 3개국에서 4개국 정도 일정을 잡아 출장을 가곤 한다.

중남미 거점 도시인 파나마(Copa), 리마(Lan 또는 Avianca) 등을 이용하는 것도 경제적이고 편안한 방법이다. 이 두 도시는 수많은 항공편이 중남미 여러 나라로 운항하고 있다. 따라서 이 도시 인근에 거래처를 확보해두면 일거양득이다. 단순한 비행기 환승 장소가 아니라 거래처에서 업무도 보고 쉴 수도 있으니 매우 좋다.

하지만 여러 나라를 방문하는 것은 단점도 있다. 우선 비행기 표를 편도로 구매해야 하므로 많은 비용이 들어간다. 사실 남미의 비행기 표는 생각보다 매우 비싸다. 리마에서 카라카스까지 편도요금이 인천과 로스앤젤레스 왕복 비용과 비슷한 경우도 있다. 미국과 중남미 학교들의 방학 시즌에는 비행기 표를 구하기도 어렵다.

출장 일정 조기에 확정해 티켓 구매를

그러므로 가능한 출장 일정을 조기에 확정하여 미리 항공 티켓을 구매하는 게 좋다.

그러나 바이어와 조율이 쉽지 않은 곳이 또한 중남미인지라 필자도 매번 출장 갈 때마다 3~4일 전에야 일정이 확정돼 높은 항공운임과 무리한 일정이 앞에 노출된다.

중남미 일부 구간은 한국 여행사에서 티켓을 구매하기가 수월하지 않다. 이 경우 해외의 지인들이나 거래처 등에 부탁해 티켓을 구하거나 해외 전문 인터넷 사이트에 들어가 구매해야 한다. 유념해야 할 점은 해외 인터넷에서 티켓을 구매하면, 변경이나 취소가 매우 어렵다는 점이다. 자칫 잘못하면 큰 손실이 발생할 수 있다. 일부 변경 가능한 사이트가 있지만 매우 힘들다는 것을 꼭 기억해야 한다.

또한 호텔 예약도 쉽지 않다. 게다가 숙박비도 저렴하지가 않다. 안전을 도모해야 하니 선진국 수준의 호텔비가 기본이다.

인터넷 예약을 통해 구매하면 좀 더 경비를 줄일 수 있다.

호텔은 바이어들과 만남이 수월한 장소로 정해야 하고, 너무 저렴한 곳에 체류하지 않는 것이 좋다. 저렴한 호텔에 체류하고 있으면 아무래도 상대방이 적극적으로 상담에 임하지 않을 가능성이 있기 때문이다. 이는 입장을 바꿔놓고 생각하면 분명해진다. 한국을 처음 방문한 바이어가 싸구려 호텔에 체류하는 것을 알게 된다면, 우리는 당연히 결제문제에 대하여 우려할

10여 년 간 꾸준한 거래를 유지하는 페루 바이어들과 함께(2017).

것이다. 중남미 바이어 역시 마찬가지인 것이다. 또한 결제 위험을 감안해 가격도 높은 선에서 오퍼하는 것은 상식적인 문제일 것이다.

일부 한국인들은 해외 교포 민박도 이용하는데, 필자는 권하고 싶지 않다. 그 비용을 절약하느니 차라리 열심히 일해 오더를 더 받는 것이 훨씬 좋을 것이다. 한국식 식사와 언어 등의 편리성 때문에 이용한다고 하지만, 비즈니스는 일종의 전쟁인데 전쟁터에서 그러한 모습은 별로 바람직하지 않다는 생각이다. 최고급 호텔에 체류하지는 못할망정 최하의 것을 선택하는 것은 상대 바이어가 속으로 어떻게 생각할지를 염두에 두지 않은 결정이다.

미팅 내용과 상대방 특징 기록해두면 유용

여러 나라로 출장을 가고 미팅이 많을 경우, 미팅 내용을 잘 정리해둘 필요가 있다. 미팅마다 주요 사항들을 꼼꼼히 기록해 두고, 가능하다면 간단한 소책자를 만들어 바이어 요구사항에 대응하는 것이 좋다. 필자는 출장지에서 30차례 이상 미팅을 하기도 하는데, 이럴 땐 소책자를 만들어 바이어가 언제 문의해도 즉각 대응할 수 있도록 준비해 놓는다. 몇 년이 지나도 잊지 않고 즉각 응답할 수 있다. 상담 내용은 물론 바이어의 특징까지 메모해 놓으면 본격적인 거래가 시작됐을 때 유용한 정보가 된다.

대체로 출장지 현지에서 이동수단을 구하기가 쉽지 않은데, 여러 가지 방법을 생각해두고 결정해야 한다. 한 국가에 일주일 정도 체류하는 경우 바이어가 매번 픽업을 해 준다는 것은 불가능하고, 또한 그런 것들을 요구하는 것도 바람직하지 않다.

바이어가 픽업을 해주기도 하지만, 처음이거나 여러 곳을 많이 방문하는 경우에는 그런 부탁을 하기가 곤란하니 택시나 자동차를 임차하여 이용해야 한다. 시내일 경우에는 택시를 사용하는 것이 좋으나 시외지역이면서도 먼 지역일 경우에는 가능한 임차한 차량을 이용하는 것이 좋다.

중남미에서 차량을 임차할 때는 항상 가격협상을 잘해야 한다. 상대방이 부르는 대로 값을 지불하면 너무 비싸 바가지를 쓰기에 십상이다. 적정한 가격을 미리 파악하고 차량 상태를 확인하여 예약해뒀다가 사용하는 게 좋다. 특히 운전자의 외국어 가능 여부를 확인할 필요가 있다. 차량도 상대 바이어에게 어떤 이미지를 줄 수 있는 요소이므로 준비에 신경 써야 한다.

출장지에 대해 관광을 할 수 있다면 좋겠지만, 그럴 여유가 없더라도 시내를 둘러보거나 시장, 쇼핑센터 등을 방문하는 것은 현지에 대해 많은 것을 알게 해 준다. 필자는 중남미 출장에서 항상 일정이 빡빡해 관광지를 다녀본 경험은 없지만, 시간이 조금 남을 경우 시내를 둘러보거나 시장을 가보곤 한다. 그 나라(시장)의 현재의 상태를 가늠할 수 있는 기회가 될 뿐만 아니라 비즈니스에도 많은 도움이 된다.

출장 전에 그 나라에 대해 상세히 공부

가장 좋은 것은 출장 출발 전에 그 나라에 대해 상세히 공부하는 것이다. 그렇게 하면 처음 만남이 어색하지 않고, 대화 가운데서 상대방에게 좋은 인상을 심어 줄 수 있다.

단지 너무 뻔한 질문이나 이야기는 하지 않는 편이 좋다.

상대방에게 어필하려면 그 나라 대표 문호들의 책들을 보거나 역사를 심도 있게 이해하여 좋은 대화거리 정도는 준비해야 한다. 너무 단순하고 의

례적인 대화가 이루어지면 상대방도 흥미가 줄어 거래에도 좋지가 않다.

무엇인가 대화를 하면 도움이 되고 남는 것이 있어야 상대방도 아까운 시간을 같이 쓸 것이 아닌가? 비즈니스는 때로 고난도 작업과도 같은 것이라고 생각한다. 단순한 대화와 행동은 상대방에게 설득과 이해를 구하지 못하게 되므로 비즈니스에 악영향을 끼칠 수 있다.

만약 상대에게 도움이 되는 정보와 전략 등을 전해주고, 다른 한편으로 비즈니스 이외에 공통이 되는 관심사에 대해 충분히 대화하고 친분을 나누다 보면 양질의 거래처가 되거나 친구 관계로 발전하는 것이 어렵지 않다.

필자 역시 중남미에 매년 3~4회 출장을 가는 것이 매우 힘들고 어렵다. 그러나 앉아서 좋은 거래처를 만드는 것은 불가능에 가깝다. 가능하면 직접 가서 기존 거래처나 잠재 거래처 관계자들을 만나보고 대화를 나누려 노력한다. 그러다 보면 자연스레 좋은 관계가 형성되는 것이 중남미 국가들의 특징이다.

07

중남미 원주민들은 어디서 왔을까

필자가 회사를 운영하며 박사과정을 공부할 때다. 평소 관심이 많았던 중남미 국가들에 관한 논문을 쓰고 싶었다. 그 중 중남미 문화와 협상에 매력을 느껴 공부를 하게 되었다.

문제는 중남미 사람들을 이해는 것이었다. 그래서 그들의 역사와 사회상에 대해 공부했으나 해답을 얻기 어려웠다.

결국 그들의 문화 원류에 대해 관심을 갖게 되었다. 아즈텍 문명, 잉카 문명, 마야 문명들에 대하여 알고 싶었다. 스페인 식민지 이전 그들의 문명을 알게 된다면 중남미 사람들을 좀 더 잘 이해할 수 있을 것이라고 생각한 것이다.

이들 3개 문명별로 중남미 각 나라에 대한 협상 방법이 다를 수 있지 않을까 하는 가설을 세웠다. 아즈텍 문명은 멕시코 지역, 잉카 문명은 페루·칠레·아르헨티나 지역, 마야 문명은 멕시코 남부와 중미지역으로 나누어 상관관계를 알아볼 생각이었다. 문명에 따라 중남미인들을 블록으로 나눌 수 있다는 생각을 가져본 것이다.

중남미인들과 한민족의 유사성

남미에 가려면 미국을 경유해 가는 방법이 일반적이다. 경유할 수 있는 공항은 로스앤젤레스, 샌프란시스코, 뉴욕, 휴스턴, 댈러스 등 매우 많다. 가능한 비용보다는 최단노선을 선택하는 것이 현명한 방법이다. 만일 페루 방향으로 갈 계획이면 미국 서부지역을 경유하는 것이 유리하며, 베네수엘라 등 카리브해 연안국에 가고자 한다면 미국 동부지역 도시를 경유하는 것이 좋다. 우선 비행기 표를 편도로 구매해야 하므로 많은 비용이 들어간다. 사실 남미의 비행기 표는 생각보다 매우 비싸다. 리마에서 카라카스까지 편도요금이 인천과 로스앤젤레스 왕복 비용과 비슷한 경우도 있다. 미국과 중남미 학교들의 방학 시즌에는 비행기 표를 구하기도 어렵다.

자료조사와 연구를 진행하면서 여러 책들을 접하게 되었는데, 그 중 중남미인들과 우리 한민족의 상관관계나 유사성을 밝히고 있는 내용들이 있어 매우 흥미로웠다. 몇 가지를 소개한다.

독일의 고고학자 알렉산더 훔볼트(1769~1859)는 "아메리카의 많은 신화, 기념물, 우주 발생에 관한 사고는 동아시아의 것과 놀랄 만큼 흡사하다. 이것은 태고 시대에 두 지역이 서로 어떤 연관성이 있음을 말해준다"고 주장했다.

중남미 사람들은 외모가 현재의 동양인과 비슷하다. 뿐만 아니라 원주민의 생활도구와 풍습에서는 동북아인들과의 연관성이 확인된다.

미국 오리건 주의 포트 록(Fort Rock) 동굴에서 9000년 전의 것들로 추정되는 짚신, 방석, 그물, 삼태기 등이 발견됐다. 워싱턴DC 스미소니언박물관에는 절구, 소쿠리, 베틀 등이 있다. 지금도 한국의 시골에서 흔히 볼 수 있는 물건들이다.

북미 원주민 마을에서는 아이들을 업어서 키우고 실뜨기 놀이를 한다. 어린아이에게는 몽고반점도 있다.

중남미의 아즈텍 문명과 잉카 문명을 건설한 원주민들은 흰옷을 즐겨 입고 사원건물을 흰색으로 칠했다. 현재 남아 있는 아즈텍 문명 당시의 그림을 보면 남자들은 흰 도포를 입었고, 검은 갓 모양의 모자를 썼으며 상투를 틀어 올렸다. 여성 또한 한복과 유사한 옷을 입었으며 머리는 뒤로 모아 비

왼쪽은 '멕시코 원주민 족장의 외출(17세기)' 그림(출처=우리민족의 대이동, 2019, 손성태)이다. 상투에 삿갓을 쓰고 두루마기를 걸친 모습이 오른쪽 조선 말기 우리 조상들과 비슷하다.

녀를 꽂았다. 일부는 고구려 벽화에 나온 그림들과 매우 유사하다.

전 세계 사람들 중 상투를 틀고 흰옷을 즐겨 입는 민족은 한민족 외에 없다. 상투와 흰옷은 태양신을 숭배하는 사상에서 비롯된다고 보는 것이 정설이다.

우리의 국호에 들어 있는 '한(韓)'이나 '조선(朝鮮)'이라는 글자에도 태양신 숭배 흔적이 남아 있다. 이것은 결코 우연이 아니다. 마한, 진한, 변한은 물론 대한민국에도 들어 있는 한(韓)에는 태양을 뜻하는 날일자(日)가 있고, 고조선과 조선의 조(朝)에도 태양을 뜻하는 날일(日)자가 있다. 날은 해와 동일한 의미이다.

현대과학이 밝혀낸 원주민들의 기원

우리 민족의 원류인 동이족이나 발해 유민 등이 알류산열도를 통하여 북미를 거쳐 중남미 등으로 이동했을 것이란 가설은 설득력 있게 받아들여지고 있다. 오늘날 과학의 발달로 인류의 기원을 유전학적으로 분석하고 있는데, 중남미 원주민의 기원은 바이칼 호 지역인 것으로 확인됐다. 일본의 혈청학자 마쓰모토 히데오는 그의 저서 '일본인은 어디서 왔는가'에서 한국인과 일본인들의 기원이 바이칼 호 지역이라는 사실을 밝혀냈다.

주목할 말한 것은 언어학자들의 주장이다. 언어학자인 강성원 박사는 "아메리카 대륙은 동이족(東夷族) 선조가 건너가 개척했으며 잉카, 마야어의 어원이 한국어와 마찬가지로 산스크리트 범어여서 양쪽의 언어가 유사하거나 동일하다"고 말한다.

배재대학교 손성태 교수는 "아스텍인들과 언어, 역사, 풍습이 일치하는 것은 우리 민족이 직접 아메리카 대륙으로 넘어갔음을 분명히 보여주는 증거"라며 "신라시대의 유물로 발견된 토우 가운데 중남미에서만 서식하고 있는 개미핥기가 있는 것도 우리 선조들이 베링해협을 건너 멕시코까지 왕래했음을 보여주는 것"이라고 주장했다.

그는 아울러 "우리 민족의 이동 시기는 기원전과 후 또는 초기 삼국시대였을 가능성이 매우 높다"고 밝혔다. 그는 우리 민족이 기원전 10세기부터 기원후 10세기까지 2000년에 걸쳐 꾸준히 아메리카 대륙으로 건너갔다고 주장했다.

손 교수에 따르면 멕시코의 원래 국명은 '맥이고(Mexico)'이다. 스페인 사람들이 처음 왔을 때, 아스테가 제국을 건설한 사람들이 자기가 사는 곳을 '맥이곳'이라고 불렀던 말에서 유래했다. 맥이곳은 '맥이가 사는 곳'이라는 뜻이다. 맥족(貊族)은 요동, 요서를 중심으로 고조선을 건국하여 살던 사람들을 가리킨다. 당연히 우리 민족의 다른 이름이기도 하다.

현재의 멕시코는 스페인에서 독립한 후의 영어식 발음이다. 멕시코인들은 아직도 맥이고라고 한다. 또한 아즈텍도 단군이 도읍을 정한 곳인 '아사달'이 변한 것이라는 것이다.

우리 상고사와 중남미는 어떤 관계인가

그들의 이동경로인 캄차카반도~알류산열도~알래스카~북미대륙~남미대륙에 남은 유적 중에 알류산 열도와 아즈텍에서 서양학자들에 의해 우리 민족만이 사용하는 온돌이 발견됐다. 멕시코 등지에서는 우리와 같은 규칙의 윷놀이, 비석치기, 고무줄놀이, 공기놀이 등이 존재하며 아메리카 원

페루 바이어와 미팅을 마치고 기념촬영을 했다. 외모가 동양인과 비슷하다.

주민들이 지게 등을 사용하였음도 확인됐다.

이런 주장들은 우리의 상고사와도 관련이 있다. 우리들이 학교에서 배운 한국의 역사는 구석기, 신석기, 고조선, 위만조선, 한사군, 삼국시대로 이어진다. 그런데 논란이 있기는 하지만 '환단고기(桓檀古記)'를 보면 환국, 배달신시(倍達神市), 고조선, 북부여, 삼국시대로 이어진다. 차이점이 많다. 우리가 배운 역사가 많은 부분 일제의 식민사관에 의존하고 있다는 사실은 부인하기 어렵다.

고조선의 도성을 평양으로 비정한 식민사관과 요동지역으로 보는 북한 역사학자들의 견해에는 큰 차이가 있다.

고조선의 토템신앙인 곰과 호랑이를 웅족(熊族)세력과 호족(虎族)세력으로 보지 않고 동물로만 보는 사관은 편협하고 오류가 있을 가능성이 높다. 삼국사기 내용에 대한 해석의 차이라고 본다. 쑥과 마늘에 관해서도 그렇다. 단군신화에서 나오는 마늘과 쑥은 원래 한방에서 몸을 덥히고 냉을 다스리는 약으로 썼으며 공부하는 사람들이 마(魔)를 물리치기 위해 먹었던 것이다.

전 세계에서 야생 쑥을 먹는 민족은 한국인 이외에는 없는 것으로 알려진다. 마늘을 가장 많이 생산하는 국가는 중국이지만 최대 소비국은 한국이다. 무엇을 조리하든 마늘이 들어가지 않는 요리는 없다. 모든 것에는 연관성이 있기 마련이다.

환단고기에서 언급한 최초의 국가는 중앙아시아 동북아에 걸쳐 9000년 전에 존재한 환국(桓國)이다. 연합국가체제인 환국은 아시아전체(남북 5만 리 동서 2만리)를 통제한 나라로 6000년 전 대변혁(대홍수)때 몰락한 것으로 추정된다. 그 이후 동북아에 세워진 한민족 최초의 국가는 배달신시다.

일부 언어학자들은 배달이 단군의 '단(檀)'에서 유래했다고 주장한다. 단은 박달나무를 뜻하는데, 우리말의 음운법칙에서 박ㆍ백이 배로 변하는 사례는 많다. 배달의 '배'는 백(白)의 종성 기역(ㄱ)이 탈락된 것이라는 주장이다. 의미는 '밝다', '희다', '환하다'이다. 환국에서 '환(桓)'은 밝다는 뜻인데 환이라는 말이 배달로 이어졌다는 견해도 많다. 다양한 유래가 있지만 필자는 후자에 무게를 둔다.

환단고기에 따르면 환국시대는 3000여 년의 역사와 일곱 분의 환인(桓因)들께서 다스린 시대다. 배달시대는 1600년 역사를 지녔으며 열여덟 분의 환웅이 다스렸다. 단군조선시대 2000여 년은 마흔일곱 분의 단군이 통치했다.

이런 이야기를 꺼낸 것은 중남미 국가로 이동한 한민족이 단순히 구석기 시대와 신석기 시대 수준에 머물러 있지 않았을 것이라는 판단 때문이다. 그들은 우리가 일반적으로 알고 있는 것보다 고도의 정치체계와 문화를 가지고 있었을 것이다.

멀지도 낯설지도 않은 중남미 시장

이상의 이야기들에 대해 이견이 있을 수 있다. 하지만 필자가 오랫동안 중남미인들과 교류하면서 확실히 느낀 것은, 중남미인들의 정신과 문화가 우리에게 매우 익숙하다는 것이다. 필자는 그들에게 한민족의 DNA가 포함되어 있다고 생각한다. 스페인의 정복 이후 큰 변혁이 있었지만, 그들의 조상이 남긴 풍습과 문화는 아직 완전히 사라지지 않았다.

중남미 원주민들과 우리의 조상이 같다고 생각하니 매우 놀랍고, 한편 가슴이 아프다. 그들의 정신과 문화가 스페인 점령군들에 의해 파괴되었고 현재 그 흔적들이 점점 없어지고 있기 때문이다.

아프리카 출장길에 에티오피아 국립박물관에 들러 인류의 조상인 루시(RUCY)를 보았는데, 지구촌이라는 말이 실감났다. 중남미는 앞으로 우리가 좀 더 다가가야 할 곳이라는 생각이 든다. 중남미는 결코 멀지도 낯설지도 않은 시장이다. 도전해 볼 가치가 충분히 있다.

08

아프리카 시장에서의 영욕(榮辱)

아프리카 시장에 본격 진출한 지도 10여 년이 흘렀다. 돌이켜 보면, '가능성 제로'에 도전했던 것 같다. 하지만 그 무모했던 도전이 지금의 나를 있게 했다.

지금까지 한국과 중국 양쪽 법인에서 아프리카 지역에 수출한 금액은 미화 1500만 달러(한화 약 195억 원) 이상이다. 수많은 장애물이 있었지만 다행히 루비콘 강을 건넜다는 생각이 든다. 앞으로 매우 기대되는 시장이기도 하다.

중남미 시장 성공을 기반으로 아프리카에 도전

필자가 처음 아프리카 시장을 공략하겠다고 생각한 것은 중남미 시장에서의 성공에서부터다. 앞 장에서 간략히 소개한 중남미 시장 진출 성공은 필자에게 큰 자신감을 가져다주었다. 도전이 두렵지 않았다.

'시중지도(時中之道)'라는 말이 있다. 시중(時中)은 시쳇말로 타이밍이니, 타이밍을 잘 잡아야 한다는 이야기일 것이다. 넓은 의미에서 '때를 알고 상황에 맞게 처신하면 성공한다'는 뜻이다. 그 당시는 아프리카 진입에 적절한 시기였던 것이다.

회사의 어린 직원들도 두려움이 없었다. 필자의 회사는 모든 마케팅 신입사원을 대상으로 남녀 구분 없이 입사 6개월 후 아프리카에 단독 출장을 보냈는데, 모두들 주어진 업무를 잘 수행했다.

아프리카 진출을 처음 시도한 것은 2010년 무렵이었다. 홀로 시장을 살펴보기로 마음먹고 여러 나라에 가보았는데, 매우 어렵겠다는 판단이 들었다. 그러나 포기하지 않고 신규 바이어를 발굴하려 오랜 기간 노력하고 또 노력했다.

바이어에 유리한 'CAD 방식'에서 길을 찾다

그러던 중 2012년 경 하나의 실마리를 풀었다. 아프리카에서 많이 사용하는 CAD(Cash Against Documents, 서류인도결제방식)를 받아들이는 것이었다. 수출자에게는 위험이 있지만 수입자에게는 매우 유리한 조건이다.

기본적으로 CAD는 물품을 선적한 후 선적서류를 거래은행에 제출하여 상대 은행에 보내게 되면 바이어가 대금을 지급하고 서류를 찾아서 물품을 찾아가는 방식인데 국제거래에서 일반적으로 많이 이용되는 방식은 아니다. 보통 아시아의 수출자들은 T/T나 신용장(L/C) 방식을 선호하지만, 현금이 부족한 아프리카 바이어의 입장에서는 CAD 거래가 매우 유리하고 편리하다.

또한 아프리카에서는 신용장 방식도 다른 지역들과는 다소 차이가 있다. 바이어들의 문제는 아니지만, 아프리카 국가의 외환보유고 부족으로 추심이 매우 늦어져 신용장 네고(NEGO)를 한 후에도 네고은행(NEGO BANK)으로 입금이 몇 달씩 늦어지는 경우가 많다 .

늦어질 경우에 항상 대비해야 한다. 급하게 자금을 운용한다면 회사의 위기를 피할 수 없을 것이다. 그 이유는 은행에서 추심이 들어오지 않으므로 반환 요청을 할 수 있기 때문이다.

이해하기 어려운 일이지만 실제 이런 일들이 자주 발생한다. 필자의 경우는 신용장 네고 건의 70~80% 정도가 3~5개월이 지난 이후에나 들어왔다.

직접 출장 가서 바이어 신용도 파악

CAD 방식을 받아들이기로 결정하고 난 후 막상 거래를 하려고 하니, 상대방의 신용도 파악이 매우 중요했다. 결국 바이어들을 하나씩 만나서 파악하기로 마음먹었다. 한두 번 만나보고 사람을 알 수 없으므로 여러 번 만나야 했다.

에티오피아에는 1년에 10회 이상 출장을 갔다. 필자와 회사 내 해외영업 담당자들이 교대로 거의 매달 출장을 가서 바이어의 능력과 신용도, 인성을 파악해 가며 거래를 시작했다.

그러나 아프리카 특성상 여기저기서 문제가 발생했다. 상품을 실어 보냈는데, 자금력이 부족한 바이어들은 항구에 몇 달 동안 컨테이너를 방치했다. 설령 바이어가 돈을 지불해도 은행이 외환부족 때문에 몇 달 늦게 송

필자가 아프리카의 한 박람회장에서 에티오피아 TV(EBS) 관계자와 아프리카 시장에 관한 대화를 나누고 있다.

금하기도 했다.

그러는 사이 필자의 회사는 자금문제로 힘든 시간을 보내야 했다. 한 가지 좋은 점은 한국, 중국, 인도, 대만의 경쟁사들이 이런 이유로 모두 아프리카 시장을 포기하게 되었다는 것이다.

경쟁자 도태와 시장 독과점… 큰 이익 안겨줘

시장은 점점 우리 회사의 독점 형태로 변화하여 갔다. 밀린 CAD나 신용장 네고 후에 추심으로 받지 못한 대금이 150만 달러를 넘어서고 지불연기가 13개월까지 진행됐지만, 기회가 오고 있다는 것을 감지할 수 있었다. 자금의 흐름만 잘 유지한다면 시장의 독점은 큰 수익을 주기 때문이다.

다행히 중남미에서 얻은 많은 수익은 아프리카에서 시장의 독과점에 적절히 사용됐다. 경쟁자들의 도태는 수익에 절대적 영향을 미쳐 큰 이윤을 안겨주었다. 사람들은 아프리카가 최고의 위험지역이라며 조심하라고 경고하지만, 신흥시장에는 고위험 고수익이 존재한다. 감수할 수 있고 지배할 수 있다면 기회다.

필자의 생각으로는 앞으로 이러한 수익률은 쉽게 오지 않을 것이다. 현재는 아프리카도 상황이 바뀌었다. 시장의 평준화가 진행 중이고, 중국과 인도기업들이 밀려 들어와 부가가치가 예전 같지 않다. 하지만 시장에 맞는 제품과 가격을 준비한다면 언제든 다시 한 번 기회를 누릴 수 있을 것이다.

도사리고 있는 위험과 무역보험 이용

아프리카에는 항상 위험이 도사리고 있다. 무역사기를 일삼는 위장기업들도 매우 많다. 특정국가에만 있는 것이 아니라 다양한 나라에 존재한다.

사기의 유형도 다양하다. 가장 많은 유형은 오더가 많다고 위세를 보여주며 외상을 유도하는 전형적인 '미끼형'이다. 선금을 지불하고 선적이 이뤄지면 제품하자를 이유로 잔금을 지불하지 않는 수법도 흔하다.

필자는 본격적인 거래를 하기 전에 해당 국가를 방문해 반드시 바이어를 만나본 후 거래를 하는 방식으로 이런 문제들을 상당 부분 피할 수 있었다.

또 무역보험도 적극 활용했다. 아프리카 국가들의 대금 지불유예는 필자에게도 큰 문제가 됐다. 그렇다고 그것이 무서워 거래를 하지 않을 수는 없다. 그래서 수출보험 부보를 기본으로 했다. 대기업들도 보험을 들고 거래를 하는데 중소기업이 무보험으로 아프리카 국가와 거래를 하는 것은 매우 위험한 일이다. 자동차를 매일 이용하는데 보험도 들지 않고 운행하는 것과 동일하다.

'질 수 없는' 상사중재 재판에서 패한 이유는

가장 기억에 남는 바이어는 나이지리아 바이어다. 필자의 회사는 인조피혁 생산 후 버려지는 'B급'을 저렴하게 무게(Weight) 단위로 아프리카 지역에 판매했다. 수량은 20피트 4컨테이너 물량으로 결정을 하고 계근소에서 무게를 확인한 후 수출했다.

그런데 2달이 지난 후 바이어가 80톤이 아니라 40톤만 선적됐다며 부족한 제품에 대한 대금상환을 요구했다. 필자의 회사에서는 선하증권(B/L)을 주기 전에 모두 잔금을 받았기 때문에 그들이 무엇을 하든지 관심을 두지 않았다.

바이어는 국제상사중재위원회(Arbitration)에 제소를 했고, 재판에 참여하라는 통지가 왔다.

한국과 나이지리아가 아닌 필자의 회사 공장이 위치한 중국에서 중재재판을 진행하게 됐다. 우리는 그들이 어떤 주장을 하더라도 증거가 명확히 있으므로 걱정하지 않았다. 컨테이너에 적재 후 무게를 측량하는 공식적인 곳에서 계량을 하여 증빙원을 가지고 있었고, 출항지 항구에서 발행한 무게에 대한 증빙서도 있으므로 어떤 상황이 와도 승소를 할 것으로 믿었다.

그러나 필자가 재판정에 직접 가서 답변을 하는데 심판관들의 표정이 좋지 않았다. 그들은 필자에게 변호사를 인선하라며 독촉을 했고 알 수 없는 미묘한 태도를 보였다. 필자는 변호사보다 무역이나 상황을 잘 아는 내가 재판에 참여하는 것이 더 나을 것으로 생각하였기 때문에 응하지 않았다.

중재재판심사위원들은 각 분야에서 다양한 직군으로 활약하는 사람들로 구성이 되어 있는데 무역에 대하여서는 전문적이지 못했다. 필자는 기를 써서 부당함을 알리려 노력했지만, 결과는 패소였다.

바이어에게 3만 달러를 지불하라는 판결이 내려졌다. 알다시피 무역중재 재판은 단심이라 항소도 할 수 없었으며 말도 안 되는 상대의 계략에 밀려 패배한 것이다.

나중에 자초지종을 확인해 보니, 나이지리아 바이어는 중국에서 인맥이 두껍게 형성된 전문 변호사를 사서 재판에 응했고, 변호사는 심판원들과 잘 아는 사이였다.

또 한 가지 문제는 필자의 회사 담당직원이 퇴사하면서 바이어에게 회사의 허락 없이 몰래 직인을 찍어 불리한 서류를 준 것이었다. 퇴사한 직원을 형사고발하고 싶었지만 참았다. 그 직원을 채용한 책임은 나에게 있기 때문이다.

타산지석으로 삼아야 할 교훈

재판에서 패배는 처음이라 매우 기분이 언짢았지만 타산지석으로 삼았다. 만약 비용이 들더라도 변호사를 고용하여 대처했으면 이런 일은 일어나지 않았을 것이다. 증거가 있어도 인용이 안 된다고 하면 방법이 없다. 나이지리아에서 만든 휘황찬란한 가짜 서류에 눈에서 불꽃이 튀었지만 더 이상할 말이 없었다. 인생이 다 그런 것 아닌가 싶었다. 모든 게 나의 탓이니까.

독일의 철학자 니체는 "위험하게 살라"고 했다. 지금 위험하게 살아야 미래가 덜 위험해지기 때문이다. 위험하게 살수록 덜 위험해지는 것이 세상의 이치다.

09

동아프리카의 중심 에티오피아

비행기에서 내려다보면 나무 하나 없는 드넓은 초원이 보인다. 공항에 내리면 귀가 아프고 며칠 동안 힘이 든다. 술이라도 한 잔 마시면 폭탄주를 마신 것처럼 잘 취한다. 사람들은 매우 친절하고 상냥하다. 한국처럼 독자적인 문자와 언어를 가졌고, 유럽 열강에 종속되지 않은 유구한 역사를 가지고 있다. 지금은 경제 상황이 매우 힘들고 어렵지만, 미래를 위한 그들의 도전을 느낄 수 있다.

바로 동아프리카 중심국가 에티오피아다.

필자가 아프리카에서 가장 많이 출장을 많이 다녔던 나라다. 아디스아바바공항을 거쳐 아프리카 여러 나라를 다니면 매우 효과적인 일정을 만들 수 있기 때문이다. 또한 필자에게 아프리카 시장 도전에 큰 영감과 좋은 결과를 준 곳이기도 하다. 공을 많이 들였고 고생도 많이 한, 아프리카 교두보로서 가치가 있는 시장이다.

필자가 에티오피아에 진출한 지는 이미 12년이 넘었다. 초기 몇 년 동안은 오더가 적어 낙심했다. 하지만 에티오피아 시장에서 1위를 하겠다는 신념으로 1년에 13번이나 출장을 다녔다. 직원들과 교대로 다니면서 집중적으로 바이어 방문과 마케팅을 하여 보니 몇 년 사이 업계 선두의 자리에 서게 되었다. 인도, 중국, 한국 업체들의 경쟁을 모두 물리쳤다.

불광불급(不狂不及), 그러니까 '미치지 않으면 미치지 못 한다'는 말이 딱 맞아 떨어진다. 필자는 에티오피아에 미쳤기 때문에 마침내 목표에 도달했다.

어려운 시장에서 성공할 수 있던 이유

필자의 회사가 에티오피아 시장에서 최고가 될 수 있었던 이유가 몇 가지 있었다.

첫째는 가격 경쟁력이다. 필자의 회사는 중국에 공장을 두고 있으므로 최저가로 에티오피아 시장을 공략했다. 그리고 제품 인지도가 어느 정도 형성되었을 때 한국에서 만든 고가제품을 판매하는 전략을 썼다. 이 시장은 항상 제품의 질보다는 가격을 우선했기 때문에 최저 가격으로 밀어붙여서 경쟁자들이 스스로 포기하게 만들었던 것이다.

쉽지 않은 전략이지만, 아프리카 시장에서 선두를 달리려면 가격은 매우 중요하다. 가격이 저렴하다고 해서 품질도 떨어지면 바이어 구매가 이어지지 않기 때문에 품질유지도 병행했다.

필자의 회사가 참가한 아프리카 박람회장 부스에 에티오피아의 대학생들이 견학을 왔다.

둘째, 결제 방식의 어려움을 극복했다는 점이다. 글로벌 무역에서는 다양한 결제 방식이 존재하지만, 에티오피아에서는 신용장(L/C)과 서류인도 방식(CAD)이 주로 사용됐다. 그러나 두 방식 모두 매우 난해하고 골치가 아프다. 일반적인 L/C나 CAD라고 생각하면 큰 문제가 발생한다.

문제란 이런 것이다. L/C로 수출을 이행한 후 통지은행(ADVISING BANK)에서 추심을 하는데, 일반적으로는 일주일이면 모든 은행업무가 끝나지만 에티오피아와의 거래에서는 상황이 매우 다르다. 이 나라는 외환보유고가 항상 바닥이어서 국제거래에서 대금지연이 만연해 있다.

실제로 바이어가 이미 대금을 개설은행(OPENING BANK)에 지불하고 선사에서 물건을 찾아갔지만, 통지은행으로 돈이 입금이 안 되는 경우가 태반이다. 이 과정이 지연되면 3개월에서 6개월까지 수출대금을 못 받는다. 자금이 부족한 회사는 상당한 위험에 노출된다.

CAD도 마찬가지다. 수출을 이행을 한 후 서류를 매입은행에서 개설은행으로 보내는 간단한 방법이지만, 바이어가 시장이 좋지 않으면 서류를 서둘러 인수하지 않는 경우가 많다. 그러므로 수출이행 후 최대 12개월까지 대금을 받지 못할 수 있다.

설령 물품대금을 은행에 지불하고 바이어가 물건을 찾아가도 은행에서 외화가 부족하면 또 몇 개월이 걸린다. 필자의 경우에는 보통 수출대금 회수를 6개월에서 8개월 정도로 예상하고 업무를 진행했다.

에티오피아 바이어 중 E기업은 기억에 오래 남아 있다. CAD로 110만 달러가량의 오더를 받아 선적을 했는데 13개월 동안 물건을 찾아가지 않는 것이었다. 결국 여러 차례 출장을 가서 어르고 달래 대금을 받은 적이 있다. 고통이 컸지만 그 덕분에 사람 보는 법에 대해 공부하게 되었다.

필자는 이러한 문제를 극복해 가면서, 이렇게 위험하고 어려운 시장에

2012년 에티오피아 바이어와 식사를 하면서 기념촬영을 했다.

누가 들어오겠는가 하는 '우문'이 들었다. 이어 경쟁자들이 들어오기 쉽지 않은 시장이므로 장기적으로 위험관리만 잘한다면 거래를 지속할 수 있다는 '현답'에 도달했다. 결국 어려운 결제 방식으로 인해 경쟁자들이 많지 않은 것이 큰 도움이 되었다.

에티오피아 시장은 당분간 외환보유고 부족으로 어려움이 많겠지만, 해결하는 방법도 있을 것이다. '궁즉통(窮卽通)'이라는 말이 있다. 궁하면 통한다. 포기하지 않으면 방법은 솟아나올 것이다.

에티오피아 시장의 특성과 상관습

어느 나라에서나 마찬가지지만 에티오피아 역시 비즈니스에 성공하려면 시장의 특성과 관습을 이해해야 한다.

첫째, 상대의 종교에 따라 협상의 방식과 폭이 달라져야 한다. 에티오피아에는 정교와 이슬람이 비슷한 비율(에티오피아 정교 43.5%, 이슬람교 34%)로 존재하는데 협상 상대의 종교에 따라 다르게 응대해야 한다.

대체로 에티오피아 정교 신자는 협상 횟수가 적고 가격의 협상 폭이 크지 않은 반면 무슬림들의 경우 협상 횟수는 매우 많고 가격 폭이 커서 중동인들과 비슷한 양상을 보인다는 게 정설이다.

둘째, 에티오피아인들은 다른 아프리카인들에 비해 순수한 면이 있으며, 대개 약속을 잘 이행한다.

셋째, 거래 관계에 있어서 의리 또는 인간관계를 중시한다.

넷째, 자국에 대한 자부심이 매우 크다. 이 나라 사람들은 오랜 역사와 인류의 기원설에 더해 아프리카에서 유일하게 열강의 침략에 맞서 자주권을 가졌다는 점에 대한 자긍심이 매우 크다.

다섯째, 최근 해외유학을 한 젊은 세대를 중심으로 창업의 바람이 불고 있다.

여섯 째, 동양인들과 예의범절이 놀라울 정도로 비슷하다. 허리를 숙여 인사하고(拜人事, Greeting), 어른을 존경(長幼有序)하는 그들을 보면 매우 놀라게 된다.

일곱째, 중국인과 인도인들에 의해 로컬 시장이 점령되지 않은 몇 안 되는 나라다. 아프리카 대부분의 나라가 화교나 인도 상인들에 의해 많이 잠식되어 가지만, 에티오피아는 국가의 정책으로 에티오피아인들이 잘 유지하고 있다.

에티오피아는 정이 많이 가는 나라다. 한국인들을 환대하고 한국 정부나 구호단체 등에 항상 고마워한다.

에티오피아는 한국 전쟁 때 참전해 우리에게 많은 도움을 준 나라다. 우리로서는 보은을 해야 한다. 필자의 고향인 화천에서는 오래 전부터 에티오피아에 많은 기부를 해왔다. 군민(郡民)과 군인(軍人)의 인구가 각각 절반 정도로 대략 6만여 명 정도인데 십시일반으로 12년 넘게 매년 1억2000만 원 정도를 참전용사 자손들에게 장학금이나 생활비로 지원해 주고 있어 마음이 따뜻하다.

꿈을 향해 달리는 에티오피아인들

얼마 전 BTV에서 얀 필립 웨일 감독의 '꿈을 향해 달리다(2019)'라는 영화를 보았다. 에티오피아 영화다. 원제목은 'Running Against the Wind'

이다. 에티오피아 외딴 시골, 마라톤 선수를 꿈꾸는 아브디와 사진작가가 되고 싶은 솔로몬의 이야기를 다루고 있다.

마라톤은 에티오피아에서 인기 스포츠 종목이고 사진작가는 또 다른 인기 직업이다. 영화의 완성도가 꽤 높고, 아프리카를 이해하는데 매우 좋은 영화다. 영화 속 마라톤 감독의 외침과 그의 구호를 따라 하는 선수들이 생각이 난다. "나는 거리 출신이다. 원하는 것은 꼭 이룬다." 젊은이들의 목표이자 도전을 함축적으로 보여주는 대사일 것이다.

사진작가가 된 아브디는 첫 전시회의 이름을 '세상을 향한 이중적 접근'으로 정했다. 아브디가 바라본 세상은 이분법적인 불합리에 둘러 싸여 있으며, 기득권층과 다른 것들을 사진으로 보여 준다. 에티오피아의 현실을 대변한 것이다. 영화 속 촬영 장소들이 평소에 많이 가 보았던 곳이라 반가웠다. 필자의 어린 시절이 떠오르고 고향친구들이 오버랩되었다.

필자의 꿈은 어려운 상황에 직면한 그들에게 조그마한 도서관을 지어 주는 것이다. 많은 에티오피아 친구들의 간절한 요청이기도 하다. 열심히 노력하여 그 뜻을 이루고 싶다. 조그마한 부자는 돈을 쓰지 않고 벌지만, 큰 부자는 돈을 쓰면서 번다는 말이 있다. 받은 만큼 돌려주는 것이야말로 가치가 있는 일 아니겠는가.

10

아프리카는 왜 가난할까

미비한 인프라 때문에 겪었던 불편

탄자니아 다르에스살람(Dar es Salaam) 출장 중에 겪은 일이다. 걸어서 이동하던 중 갑자기 소나기가 내렸다. 어쩔 수 없이 50여 미터쯤 떨어진 근처 호텔로 뛰어가 피신했다. 그런데 하얀 바지가 비와 흙으로 흠뻑 젖어 있었다. 비에 젖은 것이야 어쩔 수 없지만, 하얀 바지가 왜 온통 흙으로 뒤덮였는지 언뜻 이해가 가지 않았다.

잠시 생각해 보니 이 도시의 도로가 포장은 되어 있으나 관리가 되지 않아, 온통 밀가루 같은 부드러운 흙먼지가 가라 앉아 있다가 비가 오니 빗방울과 같이 튀어 올라 바지를 엉망으로 만들어 버린 것이었다. 할 수 없이 묵던 호텔로 복귀해 다른 바지로 갈아입고 다시 거래처로 이동해야 했다.

다르에스살람은 탄자니아 동부 다르에스살람주의 주도로 인구 136만여 명의 대도시다. 한 국가의 대도시 도로상태가 이 정도인데, 다른 곳은 어떻겠는가.

앙골라의 수도 루안다도 마찬가지였다. 비가 오면 모든 시가지가 빗물로 한강을 이루고, 생활 폐수가 넘쳐난다. 하수도 시설이 제대로 안 되어 있기 때문이다. 결국 교통정체와 악취 때문에 거래처 방문을 포기하고 호텔로 들어와야 했다.

아프리카에서 불안정한 전력은 심각한 문제다. 남아프리카공화국 일부 지역을 제외한 아프리카 대부분의 지역에서 출장 중에 전력 부족으로 고통을 겪었다. 툭하면 정전이다. 이 때문에 엘리베이터 안에 갇히기도 하고 신호등이 멈춰 주차장이 된 도로 위에 갇히기도 한다. 이러한 문제는 모두 사회간접시설 투자가 빈약하기 때문이다. 시설과 시스템 확충에 조금만 신경 쓰면 나아질 것 같은데, 그게 어려운 곳이 아프리카다.

가슴 아픈 식민의 역사

아프리카 하면 떠오르는 이미지 중 하나는 아마도 가난일 것이다. 그리고 아프리카가 가난한 이유에 대해 게으름, 질병, 미개인, 자연재해 등의 단어가 떠오를지 모른다.

그러나 아프리카가 가난한 첫 번째 이유는 다른 데 있다. 바로 가슴 아픈 식민의 역사다. 이것이 이 지역 사람들이 가난을 대대로 이어올 수밖에 없게 만들었다.

아프리카 식민 역사의 가해자는 유럽 국가들이다. 1815년 비엔나 회의에서 노예무역이 금지되자, 노예무역에 의존하던 유럽경제는 급격히 침체에 빠졌다. 19세기 말 유럽 열강들은 아프리카에 대한 침탈로 이를 해결하려 했다. 식민지 경쟁이 시작된 것이다. 프랑스, 독일, 벨기에, 영국, 포르투갈, 스페인, 이탈리아 등은 아프리카를 나누어 가졌다. 유럽 국가들은 아프리카로의 이주와 수탈을 통해 경제난을 해결할 수 있었지만, 아프리카 국가들로서는 국가로서의 기반이 형성되기도 전에 모든 것을 빼앗겼다.

유럽 열강 중 프랑스가 식민지에 대하여 특히 잔인한 방법을 구사했다. 프랑스는 식민지에 대해 ▷프랑스가 지정한 통화를 사용하고 ▷외환보유고의 85%를 프랑스에 예치하도록 하는 내용의 협약을 강제했다. 또 ▷천연자원의 구매는 프랑스에 우선권이 있으며 ▷군대는 프랑스의 필요에 따라 언제든 주둔할 수 있도록 하는 내용도 포함시켰다. 이런 협약 방식이라면 어느 식민지인들 경제 성장을 할 수 있을까.

프랑스는 서아프리카와 중앙아프리카에 CFA 프랑이라고 불리는 통화를 만들었는데, 서아프리카 CFA 프랑(ISO 4217, 통화코드 XOF)과 중앙아프리카 CFA 프랑(ISO4217, 통화 코드 XAF)의 두 종류다. 그러나 서아프리카와 중앙아프리카에서는 이 통화를 서로 바꾸어 사용하는 것이 불가능하다.

식민지 유물인 CFA 프랑은 아직도 아프리카에서 사용되고 있는데, 이를 사용하는 국가(구글 참조)는 서아프리카에서 베냉, 부르키나파소, 코트디부아르, 기니비사우, 말리, 니제르, 세네갈, 토고 등 8개국이고 중앙아프리카에서는 카메룬, 중앙아프리카공화국, 차드, 콩고, 적도 기니, 가봉 등 6개국이다.

이 나라들은 대외적으로 프랑스가 자신들의 외환 안정을 도모한다고 하지만, 85%의 외환을 프랑스에 맡기고 필요에 따라 다시 빌려와 사용한다면 이것만으로도 이미 경제적 자립이 불가능한 상황인 것이다. 이런 비민주적인 정책은 아프리카의 빈곤을 더욱 빈곤하게 만든다.

부패한 정권과 정치와 열악한 교육 환경

둘째는 부패한 정치다. 선진국과 후진국의 차이는 청렴도와 밀접한 관계가 있다. 일반적으로 후진국들의 공통점으로 비민주와 부패를 꼽는데, 이 중에서 경제발전을 가로막는 직접적인 원인 중 하나가 정치권의 부패다. 아프리카 제국이 가난에서 쉽게 벗어나지 못하는 이유도 여기에 있다.

아프리카에서는 기업들이 수입할 때 관세를 적게 내기 위해 송장금액을 내려서 신고하거나, 세금을 회피하기 위해 거래할 때 영수증을 발급하지 않는 사례가 많다. 또 일부 정부기관에서는 고의적인 통관지연, 세무조사 등을 통해 뒷돈을 챙긴다.

특히 부패한 정치가 가장 큰 문제가 되는데, 나이지리아의 사례가 그 중 하나다.

1970년대 오일쇼크가 발생하자 나이지리아는 석유 수출로 돈이 넘쳐흘렀다. 이때 나이지리아는 석유를 담보로 해외에서 엄청난 돈을 빌려와 사용했다. 그러나 석유가격이 진정되고 빚을 감당할 수 없게 되자, 많은 은행들이 파산했고 경제는 급속도로 어려워졌다. 가장 큰 이유는 부패한 정권이 300조 원에서 400조 원에 이르는 돈을 빼돌린 데에 있었다. 많은 나라들이 부패한 정권과 정치로 인하여 가난에서 벗어나지 못하고 있다.

셋째는 부족한 교육문제다. 대부분의 아프리카 국가들이 경제적인 어려움으로 인해 의무교육을 시행하지 않고 있다. 특히 대도시를 제외한 농어촌 등에서는 교육의 질이 형편없다. 열악한 교육환경은 노동의 질을 저하시켜 외자기업들의 투자를 망설이게 하는 요인이 되기도 한다.

고립된 경제구조… 원조가 아프리카를 살릴까 죽일까

넷째, 고립된 경제구조다. 만약 누구라도 아프리카의 대통령이 된다면 선진국과 자유무역협정(FTA)을 체결할 수 있을까? 이것은 아프리카 국가로서는 상상이 불가능한 것이다. 경제적인 기반이 전혀 없는 아프리카 국가들이 선진국과의 자유무역협정을 체결한다는 것은 곧 아프리카 국가들의 경제 예속화를 가중시킬 것이다. 결국 고립된 경제구조로 인해 아프리카의 미래는 더욱 가난하게 되는 것이다.

이쯤에서 언급해 보고 싶은 것이 아프리카 원조에 대한 부분이다. 과연 원조가 아프리카를 살릴 수 있는가에 대한 의구심 때문이다. 담비사 모요(Dambisa Moyo)가 언급한 '죽은 원조(Dead Aid)'라는 주장에 대하여 필자도 동의한다.

서구의 원조가 과연 효과가 있느냐, 없느냐 하는 문제의 좋은 예가 '모기장 원조'다. 아프리카에 한 모기장 제조업체가 있다. 이 회사는 일주일에 약 500개의 모기장을 만든다. 이곳에서 일하는 열 명의 직원들은 다른 아프리카 사람들처럼 각각 열다섯 명의 식구들을 부양해야 한다. 하지만 아무리 열심히 해도 이들은 말라리아를 옮기는 모기를 퇴치할 만큼 충분한 양의 모기장을 만들지 못한다.

이때 할리우드 스타가 개입한다. 그는 목소리를 높여 고통받는 아프리카에 100만 달러를 들여 10만 개의 모기장을 보내라고 서구의 정부들을 압박한다. 결국 모기장이 도착해 아프리카 사람들에게 배포된다. 할리우드 스타는 물론 좋은 일을 했다. 하지만 외제 모기장이 시장에 흘러넘치게 됨으로써 아프리카에 있던 모기장 업체는 시장에서 사라지게 된다. 아울러 그 회사가 고용했던 열 명의 직원은 해고되고 그들의 식솔 150명을 부양을 할 수 없게 된다(그들은 결국 정부지원금에 의존할 수밖에 없다). 보다 더 중요한 것은 5년 안에 모기장이 찢어지고 망가져서 더 이상 사용할 수밖에 없다는 점이다. 이런 개입은 단기적으로는 효과가 크지만 장기적으로는 문제를 키우는 것이다.

이와 유사한 사례가 폐기물 교역이다. 세계에서 '폐(버리는)' 의류시장이 가장 큰 곳은 아마 가나일 것이다. 필자도 가보았는데, 규모가 매우 크다. 미국, 유럽, 아시아 국가들의 폐의류들이 가나를 통해 다른 나라들로 흘러들어간다. 서아프리카의 허브 역할을 하는 곳이다.

폐의류를 수입하는 국가들의 공통점은 원단이나 직물공장이 들어설 수 없다는 것이다. 헌 옷의 가격이 의류제조를 위한 기반을 모두 말살하기 때문이다.

에티오피아의 성공적 사례가 의미하는 것

반대의 나라도 있다. 에티오피아는 정책적으로 폐의류, 폐가방, 폐신발, 폐타이어 등의 수입을 전면 금지하고 있다. 덕분에 이 나라에서는 의류제조, 가방제조, 신발제조 등이 활발히 이루어지고 있다. 한국 기업들을 포함하여 중국, 터키 기업들이 많이 들어와 있다. 최근에는 필자가 오래전부

에티오피아는 정책적으로 폐의류, 폐가방, 폐신발, 폐타이어 등의 수입을 전면 금지하고 있다. 덕분에 이 나라에서는 의류제조, 가방제조, 신발제조 등이 활발히 이루어지고 있다. 사진은 2015년 필자가 방문한 에티오피아 남부지역 생활도자기 공장.

터 잘 알고 있는 중국의 대형 염색공장도 에티오피아에서 생산을 시작했다. 글로벌 기업들이 에티오피아에 대규모 투자를 하거나 준비하고 있는 것을 잘 알고 있다.

결국 원조나 헌 옷, 헌 신발은 답이 아닌 셈이다. 여기에 의존하는 국가에는 제조업이 설 수가 없으며, 국민들에 안정적인 일자리를 제공할 수 없다. 아프리카 국가들이 링거(원조)에 의지하며 연명하는 것은 전 세계에 재앙이 될 수 있다.

11

아프리카 출장 팁

아프리카에 본격적으로 출장을 다닌 지 벌써 12년 정도 됐다. 출장 갈 때마다 오더를 받아야 한다는 의욕이 강해 발걸음이 많이 무겁다. 그러나 신시장과 새로운 바이어가 없으면 회사의 미래도 없다는 생각으로 마음을 다잡고, 부단히 많은 에너지를 쏟아 부었다.

실제로 아프리카 출장은 고행의 연속이다. 비행기 노선도 쉽지가 않고, 여행 인프라가 좋지 않아 여러모로 체력이 많이 방전된다. 그렇다고 주마간산 격으로라도 둘러볼 수 있는 관광 거리도 별로 없어 그저 일에만 몰두해야 한다. 고역이 아닐 수 없다. 아프리카에 출장을 가본 독자들은 이해할 것이다.

이 지역이 다른 어느 지역보다 매우 힘이 드는 곳이라는 사실 말이다.

아프리카 출장지에서 은행에 가는 이유

다른 지역과 마찬가지로 아프리카 역시 출장을 가면 해야 하는 일들이 많다. 거래처방문과 새로운 거래처 찾기 등이다. 하지만 아프리카에선 중요한 일이 하나 더 있다. 은행방문이다.

신용장이나 CAD 등으로 거래할 경우 수출품을 실어내면 한국의 은행에서 돈을 바로 받는 것이 일반적이지만, 아프리카와 거래할 때는 다를 수 있다. 일부 아프리카 국가에서는 바이어가 거래은행에 대금을 납부하고 서류를 찾고 물건을 인수하여도, 현지 은행이 한국으로 대금을 송금하지 않는 경우가 많다. 외화보유고가 부족하기 때문이다.

은행에서 몇 달을 허비하고 있으니 직접 찾아가 압박을 해야 한다. 그러면 해결이 잘되곤 한다. 그러므로 출장길에 추가적인 이 일들을 해야 하는 것이다. 많은 독자들은 특별한 이 이야기를 이해하지 못할 것이다.

아프리카로 가는 길은 다양하다. 우선 한국에서 직항로가 개설된 에티오피아의 아디스아바바로 가는 노선이 있다. 그렇지 않으면 경유 노선인 두바이를 거쳐 남아프리카공화국이나 동아프리카로 갈 수 있다. 중국 광저우, 북경이나 홍콩을 경유해 갈 수도 있다. 북아프리카의 경우에는 유럽을 거쳐 가는 노선도 있다. 그러나 경비나 시간을 고려하면 에티오피아로 가는 것이 가장 현명한 방법이다.

말라리아에 걸리지 않도록 항상 신경 써야

아프리카에 출장 갈 때 특히 신경을 써야 하는 것 중 하나가 말라리아다. 필자가 가나에 출장 갔을 때 업무를 도와주던 현지인이 말라리아에 걸렸다.

아프리카 가나에서 마주친 어린이들(2017). 거리가 무섭게 느껴질 정도로 환경이 좋지 않다.

증상을 보니 바로 느낌이 왔다. 온몸에 땀을 많이 흘리고 어지럼증을 호소했는데, 눈동자가 풀려 있었다. 즉시 약국에 가서 처방을 받아 약을 먹이고 귀가시켰다. 즉각 조치를 취하지 않았으면 위험한 상황에 처했을 것이다.

앙골라에서도 비슷한 경험이 있다. 호텔에서 한국 젊은이를 만났는데, 눈을 보니 눈동자가 올바르지 않고 식은땀을 흘리고 있었다. 바로 병원에 가라고 했다. 나중에 그가 말라리아에 걸렸다고 전해 들었다.

필자 생각에는 자주 샤워를 해 청결하게 몸을 유지함으로써 모기에 물리지 않도록 하는 것이 중요하다. 호텔 방에서 창문을 열어 두면 절대 안 된다. 환기하려다 모기가 들어오면 말라리아 위험에 노출된다. 그렇다고 너무 겁을 먹을 필요는 없다. 말라리아 증세를 보이면 약국에 가서 처방을 받아 약을 복용하면 잘 회복된다. 대다수 아프리카 약국에는 좋은 말라리아 약들이 잘 구비되어 있다.

메일 · 전화보다 해외출장이 훨씬 효과적

아프리카 사람들의 특징 가운데 하나는 행동으로 보이는 것을 반긴다는 점이다. 계속 메일을 보내거나 전화를 하는 것보다 직접 만나 대화해 보면 효과가 좋다. 메일이나 전화로 어려웠던 상황이 바뀌기도 하니 '백 메일이 불여일면'인 셈이다. 일부 바이어를 제외하면 대부분의 아프리카 바이어들은 아시아로 출장 오기가 쉽지 않다. 그러므로 직접 아프리카로 가서 만나보는 것이 좋다.

해외 출장을 직접 가면 다음과 같은 장점이 있다.

첫째 빨라지는 업무 속도다. 바이어와 지루한 공방전이 진행되다가도 일단 만나 얼굴을 마주하고 이야기를 나누다 보면 급속도로 방향 전환이 가능하고 빠르게 결정할 수 있으니 큰 장점이다.

둘째 협상할 때 직접 관찰하며 대화를 하기 때문에 협상전술을 사용하

가나 바이어의 집을 방문해 즐거운 한때를 보냈다.

기 편하다.

셋째 돈독한 관계를 유지할 가능성을 높인다. 같이 식사도 하고, 술 한잔 하다 보면 어느 사이 친구가 되어 위기에 직면할 때 도움이 된다.

넷째 시장을 정확히 판단할 수 있다는 점이다. 경쟁사의 동태를 파악할 수 있고, 신제품 수집도 가능하며, 가격 흐름까지 파악할 수 있다. 이는 비즈니스에서 매우 중요한 포인트가 된다.

다섯째 회사의 미래를 설계할 수 있다. 회사는 시장의 진화 상황이나 소비 트렌드를 읽지 못하면 위기에 봉착한다. 그러므로 출장을 통하여 시장과 소비자의 변화를 직접 읽으려고 노력하는 자세가 중요하다.

반대로 출장을 가지 않으면 그만큼 시장정보에 어두워 어려움에 처할 수 있다. 필자는 특히 중국이나 인도, 태국, 말레이시아 등 주요 경쟁국 제조업체들의 동향에 민감할 수밖에 없으므로 아프리카에 출장을 가면 마치 정보기관 요원처럼 열심히 정보를 수집한다. 소소한 정보까지 챙긴 후 항상 이를 잘 정리하여 다른 직원들에게도 알려주려고 한다.

아프리카 바이어와 거래할 때 주의할 점들이 있는데, 그 중 하나는 바이어가 금융 거래 시 수출자를 고려하지 않고 본인만 생각하여 진행하는 경우가 많다는 점이다. 이로 인해 수출자에게 문제가 발생할 수 있으므로 심사숙고해야 한다. 이런 문제는 외환보유고가 적은 나라에서는 자주 발생할 수 있는 일이다. 그러므로 해외 출장 시에는 바이어의 행동이나 태도를 유심히 살필 필요가 있다. 어느 정도 경험이 필요하겠지만 주의를 기울이면 문제점을 포착할 수 있을 것이다.

아프리카 바이어와 거래할 때는 특히 수출보험을 꼭 부보하라고 권한다.

필자도 반드시 부보한다. 필자가 현재 상담을 진행 중인 A 바이어의 경우 수출이 별문제 없이 처리되겠지만 대금 결제가 늦추어지는 문제에 대해서는 지연되지 않도록 적극적으로 요구하며 발주를 받을 예정이다.

한 덩이의 고기도 루이비통처럼 판매하라

아프리카 바이어와의 거래와 관련, 독자들에게 하나의 사례를 소개하고자 한다. 필자의 회사가 미래를 위해 신제품을 개발하고 신규 바이어 발굴을 위해 고심하고 있을 때였다. 당시 제화(製靴) 부문의 신규 개발품이 있었는데 아프리카 시장 진출이 미진했고 또한 두 곳의 바이어만 있었다.

필자는 아프리카에 출장을 가서 기존에 거래하던 바이어와 만남을 가졌는데, 그가 자신의 아버지를 만나 추가 비즈니스를 논의해 보라고 했다. 필자는 오더가 매우 적고 시간이 없으니 바이어 본인이 직접 결정해 알려 달라고 통보했다. 그 바이어는 당황하며 식사도 하는 둥 마는 둥 불만이 역력했다.

그러나 당시 필자는 정말 일정이 타이트하여 어쩔 수 없었던 상황이었다. 게다가 업무에 진척이 안 되니 짜증이 많이 나 있었다.

바이어와 저녁 식사 후 티타임을 가지던 중 그가 친구 결혼식에 같이 가면 안 되겠냐고 했다. 늦은 밤이지만 함께 가보았다.

그곳에서 여러 사람을 소개받으며 깜짝 놀랐다. 내가 짜증을 냈던 그 바이어의 친구들이 모두 동종업계 사람들이었던 것이다.

하지만 뒷수습을 하기엔 너무 늦었다는 생각이 들었다. 그 바이어에게 좀 더 잘해 주지 못했던 점과 나의 경솔함이 후회됐다.

그 바이어가 일부러 나에게 여러 잠재 바이어를 소개해 주려고 했다는 생각이 들자 미안한 마음에 결혼식에 참여한 손님들이 주는 술을 열심히 마시고 또 마셨다. 사람을 만날 때 성심을 다해야 한다는 점을 다시 뼈저리게 느꼈다.

귀국하자마자 곧장 그 바이어에게 미안한 마음을 담아 메일을 보냈다. 바로 회신이 왔다. 구매 의사가 있다는 말과 함께 안부 인사까지 보내온 것이다.

불현듯 생각이 나는 말이 있다. 호주 시드니에 위치한 정육점 빅터 처칠(Victor Churchill)과 같이 '한 덩이의 고기도 루이비통처럼 판매하라'는 말이다.

수출 인문학

지구 **60**바퀴를 돌며 발로 뛴
글로벌 비즈니스 비망록

글로벌 비즈니스와 이문화

01

지피지기(知彼知己)면
새로운 시장을 개척할 수 있다

필자는 2000년에 중국 샤오싱(紹興)에 인조피혁 제조공장을 현지법인 형태로 설립하여 운용했는데, 설립 초기에 많은 어려움이 있었다.

가장 큰 문제는 자만심이었다. 1993년부터 중국을 드나들었던 필자는 스스로 중국을 잘 이해하고 있다고 생각했는데, 실제 경영 환경에서는 그렇지 못했던 것이다. 필자가 피상적으로 알았던 중국에 관한 모든 것이 현실과 달랐고, 심지어 거꾸로 간다는 느낌마저 들었다.

언어적인 문제는 이를 더욱 부채질했다. 영어를 사용하여 경영을 하겠다는 발상부터 잘못되었던 것이다. 직원들과의 대화를 통역을 통해 한다는 것이 대단히 위험한 일이라는 것을 깨달은 것은 2년이 지나지 않은 어느 날이었다. 갑작스레 쏟아진 생산 불량과 높아진 직원들의 이직률이 그 시그널이었다. 회사에 불만을 가진 직원이 늘어났고 불협화음은 지속됐다.

결국 문제가 무엇인지 하나하나 찾다보니, 가장 먼저 필요한 것이 소통이었다. 현지 직원들과 소통을 위해 회사 대표인 내가 중국어를 해야 한다는 것을 절감했다. 부랴부랴 중국어 공부를 시작했다.

약 5개월 후에는 중국어로 회의나 결제문건을 처리할 수 있게 됐다. 그랬더니 회사도 차츰 안정을 찾게 되고, 이전에는 보이지 않던 문제점들을 파악할 수 있게 됐다. 소통을 위한 언어 습득은 단순한 일이었지만, 회사가 중환자가 되는 것을 막아줬다.

이후로는 중국에 관한 여러 공부를 부단히 했다. 중국의 고전과 현대에 걸친 다방면의 독서는 중국인 친구들과 교류 할 때 매우 중대한 역할을 하였다. 필자는 그 당시 중국인들보다 중국을 더 많이 알아야 하겠다는 욕심까지 있었는데, 결국 그런 부분들이 현재까지 중국법인을 유지하는데 밑거름이 된 것 같다.

상대국 시장에 진출하려면 '이문화' 이해가 필수

세계에는 200여 개가 넘는 국가가 존재하는데 모두 다른 문화와 관습을 가지고 있다. 결국 상대국 시장에 진출하려면 '이문화(Cross-Culture)'를 잘 이해하는 것이 필수인 것이다.

옛날 중국에는 '천원지방(天圓地方)'이라는 말이 있었다. '하늘은 둥글고 대지는 네모났다'는 의미인데 서양의 천동설과 같은 논리의 기반이다. 그 당시 중국인들은 세계에 자신들만이 존재한다고 생각했지만, 이제는 누구나 알듯이 세상은 매우 넓고 네트워크로 연결이 되어 있다. 이러한 시대에서 살아가려면 글로벌 문화(상대 문화)에 대한 이해도가 매우 중요하다.

상대 문화를 잘 이해하려면 다음과 같은 방법들이 있다.

첫째, 독서다. 독서는 상대국가에 대한 문화를 이해하는 데 가장 좋은 간접경험을 제공한다. 경제, 문학, 사회 등 다방면에 걸쳐 읽어 보고 이해를 하면 매우 유용할뿐더러 실제 비즈니스에서도 큰 도움이 된다.

둘째, 한국에 체류하는 외국인들과 교류하는 것이다. 이것 또한 쉽지는 않지만 기회가 닿으면 적극적으로 활용할 만하다. 중국인만 하더라도 한국에 체류하는 유학생이나 비즈니스를 하는 사람들이 매우 많다. 한두 명 정도만 친구로 사귄다면 깊이 있는 문화 체험을 할 수 있을 것이다.

도미니카 공화국에서 필자의 방문을 축하하는 파티가 열렸다. 이제 친구가 된 바이어들과 함께.

셋째, 여행을 활용하는 것이다. 단순한 여행을 하지 말고, 미리 체류할 지역에 대하여 책도 읽어 보고, 인터넷을 활용하여 검색하고 나서 여행을 하면 많은 지식을 얻을 수 있다. 출장 역시 마찬가지이다. 출장지에 대하여 미리 준비하고 학습을 한다면 업무에 많은 도움도 되고, 바이어와 대화도 부드럽게 된다. 가능한 깊이 있는 공부가 선행이 되어야 할 것이다. 얇은 지식은 문제를 파생할 수 있다 .

넷째, 피상적인 면을 보려고 하지 말고 내재되어 있는 문화의 핵심을 알려고 노력하는 것이다. 예를 들면, 한국인들의 내재된 문화는 유교(Confucianism), 아르헨티나는 마초이즘(Macho/Machoism)이다. 상대방 국가의 문화적 핵심이 어떤 것인지를 알게 된다면 쉽게 이해할 수 있을 것이다.

아울러 상대방의 문화를 이해하고 존중한다면 다음 기회를 도모할 수 있다. 설령 비즈니스에 협상이 결렬되어 거래가 이루어지지 않거나 기존 거래가 중지되었더라도 서로의 상도의(商道義)를 다하는 것은 미래를 담보하는 것이다. 상대에 대한 예의를 충분히 갖추며 이문화(Cross-Culture)를 이해한다면 문화 접변으로 인한 피로감과 좌절감을 줄일 수 있을 것이다.

필자도 오랜 기간 비즈니스를 하다 보니 상대 문화를 존중한다면 손해를 보는 일이 없다는 것을 많은 경험을 통해 이해하게 되었다. 돌고 도는 것이 인생이지만, 상대에 대한 문화적 이해와 배려는 상대방이 당신을 평가하는 데 있어서 매우 중요하다. 젠틀맨이 되느냐, 아니면 장사꾼이 되느냐는 당신에게 달린 문제다.

에티오피아 바이어가 권한 날고기를 먹다

에티오피아 출장을 갔을 때의 일이다. 중국어를 유창하게 하는 바이어와 인연이 있어 결혼식에 초대를 받은 적이 있었다. 손님에 대한 환대가 대단했다.

그런데, 음식이 나를 힘들게 했다. 그들에게는 소를 잡아서 날고기를 먹는 문화가 있다. 파리들이 날고기에 달라붙어 맛있게 먹고 있는데 필자도 같이 식사를 해야 하는 상황이라 마음이 편치 않았다. 게다가 그들만의 소스(향신료)가 너무 강해 역겨움을 느껴야 했다.

하지만 바이어의 성의를 생각해서 억지로 날고기를 먹었다. 그랬더니 이 모습을 본 다른 현지인들이 필자에게 많은 칭찬을 했다. 보통 외국인들은 입에 가까이하지도 못하는데 잘도 먹으니 좋아한 것 같다.

결국 에티오피아 시장 진출은 매우 성공적이었다. 다만, 그 이후에는 구충제를 먹어야 하는 불편 때문에 여전히 날고기는 먹지 않지만, 음식문화는 잘 배운 것 같고 의미 있는 경험 속에 좋은 친구를 얻을 수 있었다.

중남미에서는 '볼키스'를 자연스럽게 해야

이문화는 중남미에서도 많이 경험하게 된다. 그 중 하나가 '볼키스'다. 중남미 회사를 방문하거나 파티에 가면 서로의 볼에 키스를 하는 문화가 있는데, 아시아 사람들에게는 매우 낯설고 힘들다.

중남미에서는 보통 좌우 번갈아 3번의 볼키스를 하는데, 적절히 살짝 상대의 볼에 대는 것은 쉬운 일이 아니다. 아시아인은 긴장을 할 수밖에 없다. 잘못하여 광대뼈로 상대방 얼굴에 부딪치면 매우 아프고 미안하기 때문이다.

필자의 경우 수년에 걸쳐 남미 스타일 인사를 하다 보니 나름 잘 적응도 되고 요령도 생겼다. 상대 문화를 이해하고 수용을 한다는 것은 결코 쉬운 일이 아니다.

한쪽 어깨를 서로 부딪치는 동아프리카 인사법

동아프리카 지역에 출장을 가면 좋은 인사법이 있다. 남성들 사이에서는 악수를 하면서 한쪽 어깨를 서로 부딪치는 것인데, 10여 년 이렇게 인사를 하다 보니 정겨운 인사법인 것 같다.

단순하게 악수를 하는 것보다 가볍게 오른쪽 어깨로 상대방의 오른쪽을 부딪쳐 인사를 하면 한결 분위기가 좋아진다. 그래서 필자는 중남미 바이어를 만나든, 한국에서 친한 지인들과 만나든 악수와 더불어 어깨를 부딪치며 동아프리카식 인사를 한다. 다들 반응이 좋다.

좀 더 친밀한 바이어들은 이유 불문하고 격한 포옹을 한다. 한 번 이상 만났다면 중요한 바이어로 간주하고 시행해 보니 미팅할 때에도 좋은 결과가 따라온다. 미팅이 끝나거나 헤어질 때에도 다시 한 번 강력한(?) 포옹으로 이별을 달랜다.

진실이건 위선이건 마음을 터놓고 신체에 부딪쳐 인사를 하다보면 좀 더 친밀해 진다는 것을 매번 자연스레 느낀다. 독자들도 과감히 시행하여 보았으면 한다.

상대방의 문화를 이해하고 친밀도를 높이는 제스처는 한 단계 진보된 고도의 마케팅 전략이 될 수 있기 때문이다.

02

마른 수건만 짜지 말고 협상을 공부하라

전 세계 모든 기업들이 생산품의 원가를 줄이고자 많은 노력을 한다. 대표적인 원가절감 구호 중에 "마른 수건도 다시 짜자"는 말이 있다. 한 발 더 나아가 "짠 수건을 다시 짜자"는 말도 나왔다. 모두 원가절감의 중요성을 강조하기 위한 수사라고 생각한다.

하지만, 필자는 회의적이다. 이미 '마른' 수건에서 무슨 물이 나오겠는가? 아무리 노력해도 0.1~1.0% 정도일 것이다. 물론 아무것도 안 하는 것보다야 낫겠지만, 이를 위해 전 직원을 몰아세우다니, 비효율적이다.

해외에 있는 필자의 공장도 원가절감을 위해 많은 노력을 기울였다. 하지만 원가절감 운동 1년이 지나자 효과가 미미했다. 물론 전반적으로 낭비를 줄인다는 풍토를 조성하고, 나아가 품질 개선에도 긍정적인 영향을 미쳤겠지만 이를 위해 너무 많은 시간과 노력을 들였다.

원가절감의 궁극적 목표는 이윤 확보다. 필자도 어떻게 하면 이윤을 높일 수 있을까 오랫동안 고민해 왔지만, 해결책을 찾기가 쉽지 않았다. 단지, 생산에서만 원가를 줄이는 것은 한계가 있다는 답을 얻었을 뿐이었다.

협상을 공부해보니 그곳에 '엘도라도'가

그러던 중 2008년 박사과정을 시작하게 되었다. 석사를 마친 지 10여 년이 흘러 세상이 바뀌었다는 생각에 뭔가 새로운 것을 배우고 싶었다. 하지만 막상 입학을 하고 보니 어떤 부분을 중점적으로 공부하고, 또 논문을 작성할까를 두고 많은 고민이 생겼다.

그 때 지도교수이셨던 박승락 교수님께서 큰 도움을 주셨다. 도전해볼 만한 여러 분야에 관해 소개해주셨는데, 그 중 협상에 관련된 과목 소개가 필자의 인생을 바꾸어 놓았다. 필자가 협상 공부에 관심이 매우 크다고 말씀드렸더니, 교수님께서 같이 공부해보자고 하셨다.

첫 수업부터 매우 큰 충격을 받았다. 수많은 협상 전략들을 보고 내가 우물 안 개구리였다는 것을 느꼈을 정도였다. 이렇게 중요한 내용들을 모르고 어떻게 오랜 기간 사업을 영위해 왔고 또 전 세계 거래처들을 만나왔는지, 한편으로 가슴을 쓸어내리고 다른 한편으로 후회가 밀려왔다.

필자는 협상을 공부하면서 그 속에서 많은 금은보화를 보았다. 나이가 있어 공부하기는 힘들었지만 수많은 협상 방법을 연구하여 보니 '엘도라도 (El Dorado)'를 발견한 느낌이었다.

만약 누군가 협상을 한다고 가정을 하면, 협상을 공부한 사람과 하지 않은 사람 사이에 전력 차이가 매우 클 것이라는 생각이 든다. 싸움(경쟁)을 해보면 승부는 금방 날 것이다. 헤비급(79.39kg 이상)과 플라이급(50.80kg 이하) 권투 선수들의 펀치 강도만큼의 차이일 테니까.

협상 잘하면 나의 이익이자 동시에 상대의 만족

대다수 회사들은 종이 한 장, 볼펜 한 자루, 원료 1그램이라도 절감하기 위해 사투를 벌인다. 이는 꼭 필요한 일이며, 또 많은 노력을 요구한다. 그러나 제품이나 서비스를 판매할 때 협상을 잘하면 가격 1~2%는 어렵지 않게 더 받을 수 있다. 바이어와 접점을 찾으면 어렵지 않다는 것을 오랜 기간 경험해 왔다. 구매에서도 마찬가지다. 은행과 대출금리 협상도 1~2%정도는 깎을 수 있다.

필자는 이런 협상의 기술이 이익을 얻는 나뿐만 아니라 상대방에게도 만족을 줄 수 있다는 것을 오랜 경험에서 깨달았다. 혹자는 바이어 입장에서 가격을 더 주고 어떻게 만족할 수 있느냐고 반문한다. 반문에 대한 답은 '바이어가 만족하도록 하는 것이 협상'이라는 것이다.

물론 고도의 협상전략이 전제된다. 아무튼 협상을 공부한 이후 필자 회사의 경영상태가 매우 호전됐는데, 필자는 이런 협상전략을 잘 구사한 덕분이라고 생각한다.

협상은 국가를 구하기도 하고 망하게도 한다. 역사적으로 보면 고려 성종 때 거란족이 침입하여 왔을 때 서희장군이 협상으로 강동6주를 얻었다는 것은 누구나 안다. 쿠바미사일 위기 때 미국이 보여준 협상력은 전쟁을 막았다. 얄타회담에서 스탈린은 동유럽에 대한 지배권을 확보했다.

가장 까다로웠던 도미니카 공화국의 협상자들. 모두 경영 2세들이며 70여 년 된 기업의 CEO다.

미국의 트럼프 대통령 시절에는 한반도의 전쟁 위험을 좌우할 미국과 북한의 핵무기 협상이 있었고, 현재 우크라이나 사태로 서방과 러시아 간 이런저런 협상이 진행 중이다. 협상의 전략에 따라 희비가 갈린다. 각종 자유무역협정(FTA) 협상 역시 국가경제의 명암을 바꿀 수 있는 매우 큰 협상이다.

뉴욕 비즈니스맨의 25%는 상습적인 거짓말쟁이(Persistent Liars)라고 한다. 외교관이란 국가를 위해 이익이 된다면 거짓말을 서슴지 않고 해야 하는 정직한 사람이라는 말도 있다. 협상에서는 거짓말도 필요한 부분이기 때문이다.

세계 유수의 대학에서 가장 인기 있는 강의가 협상이라고 한다. 그만큼 현대 사회에서 협상이 중요하다는 뜻이다.

협상에서 좋은 성과를 거두기 위한 조건

협상에서 좋은 성과를 잘 이루려면 첫째, 협상목표가 명확해야 한다. 무엇을 얻기 위해 협상을 하는지, 상대방에게 무엇을 어떤 전략으로 주장할 것인지 등이다.

둘째, 협상력이 중요하다. 협상자의 지위나 시간 제약 등에 따라 협상력은 차이가 난다. 최대한 협상력을 높일 수 있는 상황을 만든다.

셋째, 관계(Relationship)를 잘 파악해야 한다. 관계에 따라 호혜적 관계인지, 거래적 관계인지, 적대적 관계인지에 따라 협상 전략이 달라진다.

넷째, '바트나(BATNA)'를 준비하는 것이다. 바트나는 합의에 도달하지 못할 경우 택할 수 있는 다른 좋은 대안인데, 대안들이 많다면 협상이 잘 이루어진다. 협상을 그만두거나 상대 협상자를 바꾸는 일 따위도 포함된다.

다섯째, 정확한 정보(Information)를 확보하는 것이다. 협상 상대방에 대한 정보의 양과 질에 따라 협상전략이 바뀔 것이다.

대기업을 상대로 펀치를 날린 S사의 사례

필자가 존경하는 S사 대표는 대기업을 상대로 멋진 펀치를 날린 분이다. 이 분은 과거 대기업으로부터 매달 원자재인 화학원료를 대량 구매해야 했는데, 국제원유 가격이 떨어져도 그 대기업에서는 인하 폭만큼 가격을 내려주지 않았고, 반면 국제시세가 약간만 올라도 무리하게 큰 폭의 인상을 단행해 경영에 애로가 많았다.

이는 S사가 다른 나라 기업들과 경쟁해야 하는 수출기업이라는 점에서 더 심각한 문제였다.

그 당시 화학 관련 동종업계 중소기업들의 취약점은 대기업과 같은 대형 액체탱크 저장소가 없으므로 매달 해당 원료를 구입해 사용해야 했다. 해외에서의 구매도 불가능한 실정이었다. 그러므로 가격 협상력에서 매우 취약했다.

S사는 이런 악순환을 제거하기 위하여 원자재를 2년 이상 보관할 수 있는 액체탱크 저장소를 건설하기로 했다. 최대 한 달 물량만 보관하던 S사가 2년 간 사용할 수 있는 대형 저장소를 설립을 하게 된 후 협상력은 정반대로 바뀌었다. 강력한 가격 협상력은 공급자인 무소불위 대기업이 아니라 S사의 것이 되었고, 언제든 국제시세에 맞추어 구매할 수 있게 되었다.

S사 성공의 핵심 배경은 장기간 충분히 보관할 수 있는 대형 액체탱크 저장소로 인하여 2년 간 여유 있는 협상시간을 가지게 되었다는 점과 해외의 유수기업들과 언제든 직접 거래가 가능해졌다는 점에 있다.

결국 S사는 동종업계보다 항상 최저의 가격으로 원자재 구매를 할 수 있었고 당연히 수출단가 경쟁에서도 우위에 서게 됐다. S사는 해외에서도 인정받는 일류기업으로 성장했다.

여기에서 우리는 좋은 바트나가 언제든 위기에서 탈출을 할 수 있는 계기가 되고, 강력한 경쟁력으로 전환하는 동기가 된다는 사실을 확인한다.

'뱃 가이와 굿 가이' 전략의 효용

필자의 회사에서 수출협상을 할 때 가장 많이 사용하는 전략은 '뱃 가이(Bad Guy)와 굿 가이(Good Guy)'다. 나쁜 역할과 좋은 역할을 나누어 협상하는 전략이다. 대부분의 사람들은 선한 역할을 하고 싶어 하고 악한 역할을 피하게 된다. 그러나 협상에서는 이런 역할을 전략적으로 나누어서 한다. 회사 대표가 악한 역할을 하게 되면, 직원들에게 일부러 선한 역할을 맡기는 것이다.

예를 들어, 미국의 A사가 제품의 목표 가격을 미화 1달러로 강력히 요청했을 때, 우리 회사 대표가 절대 불가를 외치며 미화 1달러 10센트 이상은 되어야 한다고 주장하면 협상은 결렬까지 갈 수 있다. 이때에 담당직원이 A사 바이어에게 연락해, 대표를 강력히 설득해 미화 1달러 5센트로 A사의 목표 가격에 맞춰주겠다고 하면, 보통은 바이어도 만족하고 받아들인다. 바이어 입장에서 상대의 벼랑 끝 전술에서 마지노선이 미화 1달러 10센트임을 확인했으므로 1달러 5센트는 어느 정도 만족할 만한 가격이 되기때문이다.

협상은 상대방의 파이(이윤)를 빼앗아 오는 것만이 능사가 아니다. 상대방과 좋은 거래관계를 오래 유지하기 위해 다양한 전략으로 서로 '윈윈(WIN & WIN)' 하도록 하는 하나의 프로세싱이다. 협상은 되도록 상대방이 만족해야 한다. 그래야 차후 재협상에서 안 좋은 빌미를 제공하지 않을 수 있다.

03

비언어 커뮤니케이션의 중요성

현대 사회에서 우리는 말 잘하는 사람을 높게 평가하는 경향이 있다. 그러나 비즈니스를 비롯한 여러 협상에서는 언어보다 비언어 커뮤니케이션이 중요하다. 무심코 하는 여러 행동은 상대방에게 빌미를 제공하고, 중요한 협상에서 낭패를 보게 할 수도 있다. 오죽하면 미 연방수사국(FBI)에서 요원들에게 비언어 커뮤니케이션을 공부시키겠는가? 특히 비즈니스에서는 목숨만큼 중요한 것이 비언어 커뮤니케이션이다.

바이어와 전화상담 때 목소리 톤 중요

엘버트 메라비언(Albert Mehrabian) 교수에 의하면, 비언어 커뮤니케이션에서 차지하는 비중은 말의 내용(Words)이 7%, 청각적 톤(Tone of

남미 사람들은 대화에서 몸짓을 잘 사용한다. 2017년 도미니카공화국 산티아고 출장길 휴게소에서 현지인 친구와 커피를 마시며 포즈를 취했다.

Voice)이 38%, 시각적 요소(Body Language)가 55% 정도라고 한다. 상대방에 대한 인상이나 호감을 결정하는 데에는 목소리가 38%, 몸짓(Body Language) 중 표정이 35%, 태도가 20%의 영향을 미친다는 것이다.

특히 전화로 상담을 할 때에는 목소리의 중요성이 82%로 올라간다. 정작 말의 내용은 7%의 효과만 있을 뿐이다. 말투나, 표정, 눈빛과 제스처 등은 매우 중요한 요소이다.

예를 들면, 코로나19 상황에서 해외 거래처와 전화나 화상 상담을 진행할 때 목소리 톤 조절은 매우 중요할 수 있다.

또한 비언어는 상대방의 이해를 구하거나 상대방을 이해하는 데, 또 상대에게 협상 전술을 구사하는 데 있어 매우 중요한 촉매제이거나 힌트가 될 수 있을 것이다. '말보다 행동이 중요하다'는 한국 속담도 어떻게 보면 이와 맥락이 비슷하며, 중요도에서는 그와 대등할 것이다.

필자는 비언어가 고도의 소통기술(疏通技術)이라고 생각한다. 상대와 대화를 나누지 않더라도 상대방의 생각과 의도를 미리 유추할 수 있기 때문이다. 이는 자국어가 아닌 언어로 소통해야 하는 국제거래 관계에서는 더욱 중요한 요소다.

대학의 경영학 관련 학과에서 커뮤니케이션을 필수과목으로 넣는다면 매우 유익할 것이다. 미국 대학에서는 이미 커뮤니케이션, 협상과 이문화 등을 메인 과목으로 학문화 하여 가르치고 있다. 학생들도 매우 중요한 과목으로 인식하여, 관련 강좌가 최고 인기라고 한다. 경쟁력의 원천이 여기에 있는 게 아닌가 싶다. 글로벌 사회에서 협상 능력은 매우 중요하며 성공에 이르는 사다리인데, 경직된 한국의 대학에서는 20년 후쯤에나 커뮤니케이션이 필수과목이 될 수 있으려나 모르겠다.

손짓은 사고(思考) 과정의 창문 역할

시카고 대학의 데이비드 맥닐(David McNeil) 박사는 모든 것이 두 손에 달렸다고 한다. 손짓 연구의 최고 권위자인 그는 경험적 연구를 통하여 몸짓과 생각, 언어가 연결되어 있음을 증명했다.

그에 따르면 손짓은 사고(思考) 과정의 창문 역할을 한다. 그는, 그러므로 손짓을 잘 사용하여야 하며, 때로는 손짓을 아껴 사용하여야 하고, 중요한 순간에 손짓을 사용하라고 강조한다. 연설을 잘하는 정치인이나 판매를 잘하는 판매원들이 자유롭게 정교하게 손을 사용하는 것을 볼 수 있을 것이다.

우리는 아프리카나 남미 사람들이 몸짓을 잘 사용한다는 점을 알고 있다. 그들과 대화를 할 때 유심이 관찰하여 그들이 하고자 하는 말이나 몸짓에 내포되어 있는 언어들을 살펴보아야 한다.

말을 하지 않는 비언어는 두 가지로 나눌 수 있다. 몸을 중심으로 한 비언어 메시지(행동)와 개인 환경과의 관계에서 만드는 비언어 메시지(공간, 시간, 침묵)다.

이중에서 행동에는 몸짓, 몸의 움직임, 준언어 등이 포함된다. 먼저 몸짓은 일반적인 외모, 미의 판단, 의복 등이 있다.

미국에서 사람들은 키가 크고 날씬한 여성을 높게 평가하지만, 다른 문화권에서는 차이가 있다. 문화권 사이에서 미의 판단은 자민족 중심주의의 결과로 생긴 것이다.

사실 동양에서는 상대방을 파악할 때 종종 인상이나 관상이 좋은지를 먼저 따진다. 인상이나 관상이 좋아야 서로 거래가 잘 될 것으로 믿는 것이다.

옷은 그 옷을 입는 사람에 관한 스토리텔링

의복은 문화의 가치지향을 반영한 것이다. 그러므로 모든 옷은 그 옷을 입는 사람에 관한 스토리텔링이라고 표현하여도 될 것이다.

아프리카에서는 의외로 정장을 즐겨 입는다. 그 나라의 공항에 가보면 금세 알 수 있다. 필자의 경험상 아프리카에서도 정장을 잘 입는 국가는 나이지리아인 것 같다.

중남미에서는 칠레와 콜롬비아, 베네수엘라, 아르헨티나 사람들이 정장을 잘 입는다. 이 나라 사람들은 형식을 좋아하고, 특히 만찬 때에는 정장차림으로 격식을 잘 갖춘다.

2018년 도미니카공화국 파티에서 드레스코드가 화이트인 날.

한국인들은 해외 출장에서 업무 시간에만 정장을 하고 만찬 때에는 가벼운 차림으로 임하는데, 필자 생각에는 '로마에서 로마법을 따라야' 하므로 현지인들과 마찬가지로 정장을 차려입는 것이 좋다. 일부 아프리카나 중남미 국가에서는 저녁 만찬을 소중하게 생각하고 지인도 소개하는 자리인 만큼 상대방이 편한 차림도 좋다고 하여도 가능한 한 정장차림이 도움이 된다.

한국에서도 옷이 날개라고 하지 않는가. 의복은 그만큼 그 사람의 외면을 잘 보여주는 표현법이다. 상대방에 대한 예의를 생각한다면 가볍게 옷을 입고 다니는 것은 잘못된 행태다.

한국에서 식당에서 많은 중년 분들이 등산 바지에 등산 점퍼를 입고 식사를 하는 것을 종종 보게 된다. 등산을 마치고 산 근처 식당에서 식사하는 경우가 아니라면, 등산복으로 식당을 출입하는 것은 별로 좋아 보이지 않는다.

신체언어에서 중요한 의미를 지닌 눈

각설하고, 신체언어의 의미를 살펴보자. 먼저 눈은 매우 중요한 의미를 가지고 있다. 일반적으로 3초 정도의 눈 맞춤이 가장 편안한 시간인데, 그보다 길어지면 상대방이 불편해질 수 있다. 역으로 짧으면 마음에 들지 않거나 부정의 의미가 내포되어 있다. 또한 동공이 확대되면 긍정의 의미를, 반대로 축소되면 부정의 의미가 내포되어 있는 것이다. 눈을 바라볼 때 동양인에게는 코를 보는 것이 좋고, 서양인에게는 미간에서 약간 위를 바라보는 것이 이상적이다.

머리는 일반적으로 긍정은 상하로 끄덕이고, 부정은 좌우로 흔든다. 또한 입술을 오므리고 있으면 부정의 의미가 있으며, 특히 남성의 경우 목젖이 붉어지면 당황하거나 스트레스가 있다는 것을 의미한다. 목을 위 아래로 움직이면 굉장히 싫어한다는 의미가 포함이 된 것이다.

팔을 크게 벌리고 있거나 많은 동작을 행하고 있다면 매우 관심이 있다는 증표다. 팔짱을 끼고 있거나 주먹을 쥐거나 깍지를 끼는 행동은 무엇인가 방어적인 몸짓을 하는 것이다.

어깨와 상체는 중요한 비언어 커뮤니케이션 방법인데, 상대방에게 호감을 가지고 있거나 동의하면 상체가 당신 곁으로 다가갈 것이며, 그렇지 않고 반대의 의견이나 부정의 의미를 가지고 있으면 상체를 뒤로 젖히거나 의자 뒤에 몸을 깊숙이 묻을 것이다.

발은 매우 중요한데, 발의 동작을 보면 다음과 같이 유추할 수 있다. 발뒤꿈치를 경쾌하게 흔들면 그것은 자신의 협상이 만족스럽다는 것을 표시하는 것이다. 다리를 흔들다 갑자기 멈추면 협상에 대한 기대감이 높아졌음을 알 수 있으며, 다리를 꼬고 있는 것은 반대의 의미를 전달한다.

바이어들과 협상할 때 첫인상을 잘 관리해야

결론적으로 우리는 해외나 국내에서 바이어들과 협상할 때 첫인상을 잘 관리해야 하고, 악수도 자신감 있게 청하며, 친밀감을 쌓아야 한다.

또한 자신감을 보여주어야 하며, 상대방과 좌석에 앉을 때 적극적인 반대 방향으로 좌석을 배치하기보다 자연스러운 착석 구조에 맞춰 앉아야 논쟁을 누그러뜨릴 수가 있다.

항상 중요한 것은 상대방에게 긍정적 인상을 주는 것이다. 좋은 인상을 줄 수 있도록 언어(말) 이외에도 비언어에 대한 자기 관리에 신경 써야 하며, 역으로 상대방의 비언어적인 요소를 관찰하는 능력을 배양해야 한다. 그래야 협상에서 좋은 결과를 얻을 수 있다.

오늘부터라도 말보다 행동에 주안점을 두고 상대방을 잘 관찰하고 자신도 관리할 일이다.

04

거리(Distance)와 공간(Space)

'사회적 거리두기(Social Space or Distance)'는 지난 2년간 언론과 일반인들의 입에 가장 많이 오르내린 단어 중 하나다. 많은 사람들이 코로나19 팬데믹 이전에는 들어보지 못한 말이었을 것이다.

적당한 거리를 지켜야 편한 관계

'사회적 거리'란 미국의 문화인류학자 에드워드 홀(Edward Hall)이 그의 저서 '숨겨진 차원(The Hidden Dimension)'에서 사람들이 영토권을 바탕으로 타인과의 상황에 따라 공간의 크기를 선택하는 것을 밝혀내고 이를 4가지로 분류한 것을 말한다.

그는 사람들이 인식하는 공간을 ▷가족이나 연인 또는 가까운 친구에게만 허용하는 친밀한 공간(intimate space) ▷친구나 지인과 일상적인 대화를 나누는 개인적 공간(personal space) ▷회의나 사교모임에서 사용되는 사회적 공간(social space) ▷강연할 때 연사 주변에 형성되는 공적인 공간(public space)으로 분류했다. 친밀(밀접)한 공간은 자신의 몸으로부터 0.5m(46cm) 이내, 개인적 공간은 1.2m 이내, 사회적 공간은 1.2 ~3.6m 이내, 공적인 공간은 3.6m 이상의 거리다.

그의 이론에 따르면 상대가 가족이나 친한 친구인지, 낯선 사람인지, 아군인지, 적인지, 남성인지, 여성인지 등에 따라 사회적 거리가 달라진다. 만약 상대가 너무 가까이 오면 불쾌한 기분이나 공포감마저 생기고, 상대가 너무 멀면 거리감을 느껴 친해지기 힘든 사람이라고 생각되는 경우가 발생한다.

친밀한 공간을 침범할 수 있는 사람은 가까운 친척이나 친구 혹은 관심을 표하는 이성이다. 낯선 사람이 친밀한 거리를 침범하면 여러 가지 변화가 발생한다. 가령 당신이 처음 만난 사람의 어깨에 다정하게 팔을 두른다면, 상대가 아무리 예의를 지키느라 기분 좋은 척 미소를 짓고 있어도 당신에게 부정적인 감정을 갖게 되는 것이다.

그러므로 사람들과 편안한 관계를 유지하기 위해서는 적당한 거리를 지켜야 한다. 우리가 해외에서 바이어를 처음 만난다면 대개 악수를 나누고 자리에 앉을 때 서로 어느 정도 거리를 둔다. 그러다가 저녁식사라도 하고 나면 그 거리가 줄어들었음을 확인할 수 있을 것이다.

문화권 따라 사회적 거리도 달라져

홀은 이처럼 인간이 공간을 구조화하고 사용하는 방식이 대인관계와 상황에 따라달라질 뿐만 아니라 문화권마다 다르다는 사실도 밝혀냈다. 예들 들면, 개인주의를 강조하는 문화권(영국, 미국, 독일 등)은 집단주의 문화권보다 더 많은 공간을 요구하며 공간을 침범당할 때 능동적이고 공격적인 자세를 취한다.

북미권에 출장을 가서 상대 회사를 방문해 보면 우리나라처럼 탁 트인 사무실 공간이 거의 없다는 사실을 깨닫게 된다. 모두 높은 칸막이나 장애물을 설치하고 독립된 공간을 만들어 업무를 한다.

집의 구조를 보면 아시아인들은 방을 2~3개 정도로 나누어서 생활을 하는 구조다. 특히 한국의 경우 예전에는 온돌 문화 영향으로 여러 개의 방을 만들어 생활을 하기가 어려웠을 것이다. 그러나 서양에서는 유아기부터 독립적인 공간(방)에서 생활을 하는 구조가 결국 사회생활에까지 연장된 것으로 보인다.

다만 한국을 포함해 많은 아시아 국가들도 이제는 독립적 생활공간이 일반적 추세인 것 같다. 서양화가 진행되면서 집단구조에서 개인의 생활공간을 중시하는 구조로 바뀌고 있는 것이다. 군대도 변했다. 과거 군대는 한 내무반에서 30여 명까지 같이 어깨를 맞대고 생활을 했었다. 하지만 지금은 침대 사용으로 개인 공간이 확보된 생활을 하고 있다.

사회적 거리가 매우 짧은 중남미인들

중남미에 출장을 갔을 때 이 대인 거리 때문에 당황스럽고 놀랐던 적이 있다. 같이 서서 커피를 마시거나 맥주를 한잔 할 때, 이들은 필자 바로 앞에 붙어서 대화를 한다.

50~70cm 정도 되는 거리인데, 아시아인들에게는 몹시 불편하고 당황

필자의 콜롬비아 바이어 사무실 공간배치(2018년도).

스럽다. 처음에는 뒤로 약간씩 물러서며 대화를 했는데, 그럴 때마다 상대
방이 점점 다가왔다. 나중에 알게 됐지만, 그들은 대부분 친숙한 관계라는
뜻에서 이렇게 가까이서 대화를 하는 것이다. 그들에게 거리가 먼 것은 친
숙하지 않다는 부정의 의미인 것이다.

아프리카 사람들의 경우 아시아인들보다는 대인 거리가 짧지만 남미인
들보다는 길다. 이렇게 문화권별로 사회적 거리가 다르니, 다소 불편하더
라도 상대의 문화를 이해하는 것이 좋다.

회의나 모임 등에서의 좌석배치 역시 문화적 권역별로 사회적 거리의 영
향권 내에 있다. 서구인들은 집단을 이룰 때 서로 마주보면서 대화를 하지
만, 중국 사람들은 상대방과 얼굴을 맞대거나 테이블을 사이에 두고 마주
앉을 때 불편해한다. 그래서 중국인들은 옆으로 앉아서 회의를 하거나 모임
을 가진다. 중국에서 어떤 행사에 참여하거나 TV에서 회의 같은 장면을 시

한국식당에서 자리를 함께한 세네갈 바이어들.

청하게 되면 거의 모두 그러한 상황이 연출되는 것을 알 수 있다.

이는 풍수 철학에서 비롯된 것도 있으며, 무엇보다도 서로 마주 앉아서 직접 바라보는 시선을 싫어하는 문화 때문으로 풀이된다.

잘 모르면 상대회사에 방문할 때 상대방이 권하는 자리에 앉는 것이 최선의 방책이다.

하지만 한국이나 중국에서는 권한다고 무조건 앉으면 곤란한 상황이 연출될 수도 있다. 아무리 거래관계라도 한국이나 중국에서는 직위가 높거나 나이가 많은 사람이 있다면 그를 상석에 앉히는 것이 예의다. 또한 중국에서는 식사 자리에서 대개의 테이블에 상석 자리에는 표시를 해 두는데 식사 비용을 지불하는 의미도 있기 때문에 착석을 할 때 누가 지불할 것인가를 고려하여 앉아야 한다. 식사비는 식당 종업원들이 상석에 가서 청구하는 것이 일반적이기 때문이다.

상황·국가에 따라 자리 배정 신경 써야

거리와 공간의 문제는 지배와 권력의 문제와 관련이 있다. 포식자인 호랑이 같은 동물들이 열세종인 작은 동물에 비하여 큰 공간을 가지고 있듯이 인간도 지배계층이 피지배계층보다 더 넓은 공간을 사용한다. 회사에서 대표와 직원 사이, 조직에서 간부와 조직원 사이에서도 책상과 의자의 크기가 다르고 사무실 규모도 차이가 있다. 미팅을 할 때 중요한 사람이 있다면 상석에 앉히는 것이 그러한 이유에서다.

일반적으로 중남미나 아프리카에서는 권하는 자리에 착석을 하면 문제가 없다. 단지 우리가 느끼는 정서와는 약간 다른 경우가 있다는 것을 이해하여야 한다. 예를 들면 마주보며 앉아 미팅하는 경우가 정형화돼있지 않다는 것이다. 상황에 따라, 또 미팅의 경중에 따라 배석자의 직급이 변하고 좌석의 위치도 바뀐다는 것이다.

필자는 상황이나 국가별로 자리 배정을 생각하여 앉으려 노력한다. 그러나 가능한 정면을 응시하지 않는 자리를 만들려고 노력한다. 정면을 응시하여 앉으면 '경쟁(COMPETITION)'으로 비쳐지기 때문이다. 그러므로 가능한 유연하고 부드러운 자리 배치가 되도록 고려해야 한다. '협력(COOPERATION)' 관계를 표현하고 싶다면 자리배치를 섞어서 앉도록 하면 된다. 상대도 매우 편안하다는 것을 느끼고, 여유 있는 대화를 가질 수 있다.

마지막으로 가구나 집기의 배치를 살펴보면, 미국에서 가구배치는 프라이버시를 위한 것이며 상호작용을 회피하기 위해서도 사용될 수 있다고 한다. 프랑스는 중앙집중형으로 모든 것을 배치한다. 독일은 프라이버시가 중요하므로 사무실 가구는 사무실 전역에 흩어져 배치한다. 일본은 집단의 참여가 중요하므로, 책상들을 벽이나 분리대 없이 중앙에 지위에 맞추어 배열한다. 중남미에서는 소규모 회사에서도 비서 룸을 두어 대표의 권위를 중시하는 경향이 많다.

아프리카 사무실에서도 칸막이로 프라이버시를 보호하는 개인주의가 증가하고 있다.

결론적으로 비즈니스에서 거리와 공간이 차지하는 비중은 낮지 않다. 상대와 불편하게 비즈니스를 하지 않으려면 그들의 습성에 맞추어 적절한 거리와 공간을 운영하는 것이 필수적이다.

05

시간에 대한 개념

오랜 기간 많은 국가들과 거래를 하다 보니, 어떤 것들은 국가별로 다른 개념들을 가지고 있다는 생각이 들었다. 대표적인 것이 시간이다. 특히 이문화(異文化) 간 커뮤니케이션에서 시간이 중요하다고 생각하기 시작한 것은 극히 최근의 일이다.

한국에서도 최근 들어 시간에 대한 개념이 서구화되어, 이를 잘 지키고, 그 중요도를 인식하게 되었다. 학자들의 분류에 의하면 한국인들은 고맥락 사회에 속하지만, 필자 생각으로는 점점 시간 약속을 중요하게 생각하는 저맥락 사회로 진입하는 단계에 접어들고 있다. 다만, 필자가 사회생활을 하면서 여러 회의나 모임을 통해 살펴보면 아직도 시간에 대한 관념이 약한 사람들이 있다. 저녁 7시에 약속을 하면 35% 정도는 항상 늦는데, 이때 늦는 사람들은 대체로 정해져 있다.

문화권마다 다른 시간의 개념

문화인류학자인 에드워드 홀(Hall,1959)은 문화를 전달할 때 의미하는 바가 달라지는 것들 중 하나로 시간(Time)을 들었다. 홀은 그의 저서 〈침묵의 시간(Silent Language)〉에서 이문화의 여러 가지 시간 체계를 이해하기 위해 문화권의 시간을 단일시간(Monochronic)과 복합시간(Polychronic)으로 나누었다.

단일시간으로 분류된 나라들은 독일, 오스트리아, 스위스 및 미국 등 서구 국가들이다. 특히 미국인들은 시간을 고정된 어떤 것, 우리 주변에 있는 어떤 것으로 여기며, 우리가 마시는 공기처럼 시간을 분리하여서 생각할 수가 없다고 생각한다.

복합시간은 직장에서, 집에서 또는 다른 곳에서 다른 일들을 동시에 처리하는(Multi-Tasking) 것으로 터키인들이 대표가 된다. 즉 복합적인 요소를 띠고 있는데, 복합시간은 복합적 행동과 융통성의 의미를 갖는다. 때문에 홀은 여기에 속하는 아시아, 아프리카, 남미문화권 사람들이 대화가 끊어지는 일이 잦은 이유가 된다고 설명했다.

또한 협상에 있어서 단일시간 문화권 사람들은 계획, 신속성을 요구하는 반면, 복합시간 문화권 사람들은 신속성보다는 거래성사 자체를 강조한다. 이는 우리 무역인들이 알아야 할 중요한 대목이다.

정리하자면 단일시간 문화권(북미, 유럽, 오세아니아)에 있는 국가들의 사람들은 한 번에 한 가지 일을 처리하며, 업무에 잘 집중하고, 시간약속을 중요하게 여기며, 저맥락에 속한다. 또한 프라이버시를 존중하고, 남으로부터 빌리거나 남에게 빌려주는 것을 꺼린다. 그들은 단기관계에 익숙하며 기민성을 강조한다.

반면 복합시간 문화권 사람들(아시아, 중동, 중남미, 아프리카)은 한 번에 여러 가지 업무를 처리하며, 쉽게 집중력을 잃고, 중간에 대화가 잘 끊어지며, 시간약속은 가능하나 이행해야 할 대상으로 생각한다. 또한 고맥락적이며 인간관계를 중요시하고 계획을 자주 바꾸며, 가까운 사람들에 관심을 가지고 있으며, 쉽게 빌리고 빌려준다. 기민성보다는 관계를 중요시하고 평생의 관계를 구축하려는 경향이 높다.

중남미에서 한두 시간 늦는 건 다반사

중남미나 아프리카 현지에서 비즈니스를 하다 보면, 시작부터 난관에 봉착하기 일쑤다. 업무를 위해 약속을 하면 한두 시간 늦는 것은 다반사이고, 미팅 한 시간 전에 취소하는가 하면, '노쇼(No Show)'도 발생한다. 그러나 상대방은 미안한 감정은 거의 없는 듯하니 미칠 지경에 이른다. 결국 중남미나 아프리카에서는 일정을 망치는 경우가 빈번하다. 최근에는 세월이 변하여 약간은 좋아졌지만, 여전히 약속하기가 쉽지는 않다.

또 본격적으로 미팅을 하여 대화를 나눈다 해도 낭비하는 시간이 많다. 대개 미팅하기 전에는 업무 이외의 대화를 하는데 그 시간이 매우 길다. 제품을 설명하려는 필자로서는 대화를 전환하기 위해서 고도로 좋은 기회를 잡아야 한다. 그렇지 않으면 제품에 대한 브리핑 시간이 부족할 수 있다.

필자의 회사는 오래전 칠레에 영업지사를 설립한 후 현지인 지사장을 뽑았다. 필자는 매년 3~4차례 현지 출장을 가서 업무를 봤는데, 그 지사장이 스트레스였다. 필자가 지사장에게 아침 8시 30분경 호텔로 오라고 전날 밤

말레이시아 바이어가 필자의 사무실을 방문해 중국의 서예대가들에게서 받은 붓글씨 작품들을 감상하고 있다.(2018)

에 지시하고 그 다음날 로비에서 기다려도 안 나타난다. 2시간쯤 지난 10시 30분경이면 얼굴을 보이는데 아침부터 화가 나서 감정 조절이 되지 않는다. 그래도 나이가 많은 지사장이라 참고 업무를 하곤 했다.

하지만 1년이 넘어도 이런 행태가 고쳐지지 않아, 작심하고 차후 이렇게 늦으면 해고할 수밖에 없다고 전했다. 그 지사장은 당황하며 어이없다는 표정을 지었다. 그러면서 그 정도 늦는 것이 칠레에서는 일반적인 일이므로 필자에게 이해하라고 권했다. 그 이후 그는 약속 시간에 많이 늦지 않게 됐지만, 아직도 남미 지역에 출장을 가면 시간을 제대로 지키는 바이어를 만나기 힘들다. 남미에 출장을 가면 시간을 잘 조절해야 하는 이유다.

'중남미 타임'보다 심한 '아프리카 타임'

아프리카는 남미보다 더 어려운 지역이다. 현지에 출장을 갈 때 하루 평

균 3~4개, 일주일이면 20여 회 바이어와의 미팅을 사전에 준비한다. 하지만 그 중 30~40%는 이행되지 않거나 늦어져, 일정이 엉망이 되는 것이 다반사다. 이런 일이 반복되다 보니 필자는 '노쇼'에 대비해 여분의 바이어들을 준비하고 있다가 바로 다른 바이어들을 만나 아까운 시간을 줄이고 있다. 이런 준비가 되어 있지 않으면 낭패를 볼 수 있다.

먼 곳까지 시간과 경비를 들여 출장을 왔는데, 바이어와 미팅이 이뤄지지 않으면 스트레스가 매우 크다. 늦은 시간이라도 만날 수 있는 바이어는 양반이다. 아예 연락이 두절이 되거나 여러 핑계를 대는 경우도 많다.

그렇다고 해서 아프리카나 남미 바이어들이 늦게 약속장소에 나온다는 가정하에 그들의 방식대로 늦게 약속장소에 가고자 하면 절대 안 된다. 그중에서도 시간 엄수를 하는 바이어는 꼭 있기 때문이다. 이러한 문제는 항상 발생한다는 것을 염두에 두어야 한다.

여러 모로 힘든 것이 복합시간 문화권에 있는 아시아, 중동, 아프리카, 중남미 시장이다.

항상 인내심을 가져야 한다. 늦게 왔다고 바이어에게 짜증스러운 얼굴로 인사를 하기보다는 반가움과 진지함을 보여주어 그들에게 미안함을 느끼게 하는 것이 비즈니스에서 승리자가 되기 때문이다.

비공식 시간을 살펴보면, 대부분의 문화권에서는 시간 엄수 및 속도와 같은 규칙을 명확하게 배우는 경우는 거의 없다. 얼마나 늦는 것이 적당한가에 대한 것은 각각의 나라마다 모두 다르기 때문이다. 미국이나 영국에서는 5분 정도는 늦을 수 있으나 15분에서 30분 정도 늦으면 안 된다. 중남미, 아프리카, 중동에서는 이 정도 늦는 것이 전혀 문제가 되지 않는다. 중남미에서는 때로 한 시간 정도 늦어도 아무런 문제가 없다. 이러한 규칙은 일반적인 의식 수준 아래에서 작용하기 때문이다.

미국에서 최고경영자는 회의시간에 늦을 수 있지만 비서나 하급 직원이 늦는다면 문책을 당할 수 있다. 유명가수나 의사는 사람들을 기다리게 할 수 있지만, 밴드나 간호사는 늦으면 안 된다는 비공식적 문화가 있다.

남미에서는 존경의 표시로 약속 시간에 늦게 도착한다. 그들의 문화에서 파티가 시작하는 정시에 도착하는 것은 상대방의 예의나 자신의 자존심에 영향을 미치므로 정시에 도착하지 않는다. 자신의 지위를 높이기 위하여 늦게 도착한다. 필자도 저녁 6시에 파티를 시작한다고 하면 밤 10시경에 참석한다.

비록 식사를 하지 못해 배가 고프지만 파티에서 역할과 초청자의 위신을 위하여 늦게 참여한다. 그러면 초청자도 시간을 조절하여 필자가 도착하는 즉시 파티의 공식적인 시작을 알리며 여러 사람들의 소개까지 물흐르듯 진행한다.

과거, 현재, 미래에 관한 인식도 달라

과거, 현재, 미래에 관한 인식에 대하여 살펴보면, 과거를 중시하는 문화권에는 지나간 시간들의 중요성에 대한 믿음이 강하다.

텔레비전이나 영화에서 역사물이 유행하는 나라들이 그렇다. 한국이나 중국 등의 아시아 국가와 프랑스를 포함한 북유럽 국가들이다. 그들은 전통을 중시하고 모범적 행동을 설정하고 행한다. 통상 일에 대하여 장기적으로 고려하고 결정을 서두르지 않는 특징을 가지고 있다. 또한 연장자를 존경하는 경향을 보인다.

현재 지향적인 문화권의 나라에서는 즐기는 일과 현재의 삶을 중요시한다. 아시아에서는 필리핀이 그렇고 많은 중남미국가들이 그러하다. 그들은 충동적이고 자유스러운 생활을 한다. 중남미국가들은 급여 제도가 주급인데, 중남미인들의 주말은 파티로 일정이 꽉 차 있다. 일주일 동안 받은 급여를 다 써가며 주말을 유쾌하게 보내는 것을 보면 아시아인들은 이해하기가 힘들 것이다. 그러나 그건 그들의 삶이자 문화이며 긍정적인 면도 있다. 특히 한국인들은 그 일부라도 벤치마킹 하는 것 또한 어떨까 싶다.

미래지향적인 나라의 대표적인 국가는 미국이다. 개혁과 변화를 좋아하고 사회나 조직의 관습과 전통을 경시한다. 미국인들을 미래를 위하여 끊임없이 계획하고 시도한다. 패스트푸드나 주유소 등에서 보듯이 시간 낭비를 줄이기 위하여 많은 노력을 한다.

그들에게 시간은 돈이다. 또한 시간의 절약과 혁신을 통해 미래로 향하는 것이다.

06

글로벌 시대의 소통

필자는 해외 여러 곳에 회사와 지사를 설립하여 경영하고 있는데, 공통적으로 느끼는 어려움이 현지 직원들과의 소통(Communication)이다.

2000년 중국에 현지공장을 설립해 운영할 때의 일이다. 한국과 다른 문화적 차이 때문에 많은 시행착오를 겪어야 했다. 당시 필자는 1993년부터 중국과 비즈니스를 해 오고 있었으므로 누구보다도 중국을 잘 안다고 생각했고 자신감도 있었다. 하지만 실제 중국 현지에서 회사를 운영하는 것은 차원이 다른 문제라는 것을 나중에야 깨달았다.

중국 현지공장에서 겪은 일

필자의 공장에서 생산하는 제품들은 성수기와 비수기가 극명하게 나누어져 있는데, 이런 특성 때문에 성수기에는 쉬는 날 없이 생산해야 했다.

그리고 생산된 모든 제품을 수출하기 때문에 일일이 컨테이너 안에 물건을 적재해야 했는데, 문제는 절강성 지역이 여름에는 섭씨 40도 이상까지 오를 정도로 덥다는 점이었다. 철판으로 이루어진 컨테이너 내부는 보통 50도를 넘는다. 당시에는 공장 부대시설 중 자동으로 물건을 싣는 장비가 없어서 담당직원들이 제품을 컨테이너 안으로 옮겨 실어야 했는데, 정말 큰 고역이었다.

문제가 발생한 그 날은 생산 인원이 부족한 상황에서 많은 물품까지 선적해야 했는데 출고 인원까지 부족했다. 닝보항(Ningbo Port)에 입고해야 하는 시간은 다가오고, 컨테이너 운전기사는 서둘러야 한다며 적재를 독촉했다. 정해진 시간까지 항구에 입고를 마쳐야 하는데, 그렇지 못하면 신용장 네고(Nego)에도 문제가 발생할 상황이었다.

최대한 빨리 출고 인원을 늘려야 했다. 하지만 중국인 공장장은 도저히 잉여 인원 차출이 불가능하므로 오늘 선적은 포기하고 내일로 미루는 것이 좋겠다고 했다. 필자는 무조건 선적해야 한다며 방안을 모색했다.

사무실과 공장을 둘러보니 많은 잉여 인원이 있었다. 그들은 모두 회사에서 간부급에 준하는 직원들이었는데, 평소 관리와 감독을 담당하는 사람들이었다. 필자는 이들에게 출고지 창고로 이동하여 컨테이너에 물건을 싣도록 지시했다. 그러나 모두 당황하면서 어이가 없다는 표정을 지었다.

선적해야 하는 물건은 개당 45kg에 육박하는 무거운 제품이다. 눈치만 보고 있는 그들의 모습에 필자는 어쩔 수 없이 솔선수범하여 물건을 들고 직접 컨테이너에 적재했다. 그러자 간부 직원들도 따라서 일을 시작했다. 다행히 빠른 시간 내에 출고를 마치고 무사히 항구에 도착해 제때 입고했다. 무더운 여름날 45kg 정도의 제품 4500여 개를 여러 컨테이너에 나누어 싣는 노동은 생각보다 힘든 일이었다. 필자도 탈진을 감수하고 한 일이다.

너무 고생한 직원들에게 미안한 생각이 들어 회사 앞의 식당에서 맥주를 한 잔 하는데, 부장급에 준하는 간부가 "앞으로는 사장님이 앞장서서 이번과 같은 일을 하지 않았으면 좋겠다"고 어렵게 말을 꺼냈다. 필자는 급한 상황이었고, 사장이 일하는 것이 무슨 문제가 있느냐고 반문했다. 그 간부의 대답은 이랬다. "중국에서는 어느 정도 위치가 되면 절대 하급직원들이 하는 업무를 대신하면 안 된다." 회사대표는 대표로서 품위를 지켜야 하며, 오늘 같은 일은 자기들의 위신 또한 문제가 된다는 설명도 따랐다. 당시 30대였던 필자는 그들과 비슷한 연령대이므로 자유롭게 일하고 격의 없이 지내는 것이 좋다고 생각했다. 하지만 그들이 왜 필자에게 그런 충고를 하게 되었는지는 시간이 지나면서 이해를 하게 되었다. 중국인들은 체면(미옌즈)을 매우 중시하기 때문이었다.

그들의 문화에서 자신의 목숨과도 바꿀 수 없는 것이 체면이고 또한 그것을 위해 많은 비용과 에너지를 사용하다는 것을 알게 되었다. 그 이후에는 지시를 할 때 항상 체면에 손상이 가지 않도록 각별히 유념하게 되었다.

국가마다 다른 숨겨진 문화 '맥락'

위의 사례는 이문화(Cross-Culture)에 대해 홀(Edward T. Hall, 1976)이 주장한 고맥락 사회와 저맥락 사회로 설명하고자 한 것으로, 고맥락 사회인 중국인들의 내면 일부를 엿볼 수 있게 해 준다.

인간은 동물과 달리 문자를 통하여 교육과 훈련이 이루어지는데, 문자만

중미 카리브 해변에서 바이어 초청으로 참여한 저녁파티.

으로 이해할 수 없는 부분이 있다. '맥락(context)'이라는 측면에서 이문화를 이해해야 하는 이유다. 가장 큰 이유는 글로벌화된 사회에서 이문화를 접할 때 그들과 다른 점들이 무엇이고, 그들에 대해 무엇을 이해해야 하는지 잘 알고 있다면 좀 더 훨씬 수월한 비즈니스가 가능하기 때문이다. 그러므로 다른 국가나 민족의 맥락에 대하여 생각을 해 볼 필요가 있다. 이는 매우 어려운 일이기도 하지만, 동시에 매우 중요한 사항이기도 하다.

홀은 그의 저서 〈문화를 넘어서(Beyond Culture)〉에서 맥락을 '숨겨진 문화'로 정의했다. 우리가 언어를 통하여 대화하고 상대방을 이해하지만, 그것만으로는 볼 수 없는 가치체계가 존재하는데 그것이 바로 맥락인 것이다. 중국의 사례에서 보듯이 대부분의 회사는 비슷한 규칙을 가지고 업무를 하는데, 한국 회사와 중국 회사 간에는 차이가 존재하는 것이다. 그것은 숨겨진 문화에서, 특히 맥락의 차이가 있기 때문이다.

한국인 사장이 한국적 경영방식을 아무리 강하게 추구하더라도, 중국에 있는 외국기업은 중국적 가치관이 이어져 있으며 절대 그 기준점은 변하지 않는 것이다. 그러한 이유로 현대 경영에서 지역화(Localization)의 비중이 매우 커지고 있다. 실제로 많은 기업들이 글로컬리제이션(Glocalization)을 시도하고 있다. 글로컬리제이션은 세계화(Globalization)와 지방화(Localization)의 합성어인데, 즉 세계화를 추구하되 현지의 기업풍토를 존중하는 기업경영을 하는 것을 말한다. 해당 지역의 문화에 잘 접목한 것만이 진정 세계화를 이룰 수 있다는 의미이다. 상대방의 문화를 인식하고 잘 대응하는 것이 이제는 매우 중요한 경쟁력이 된 것이다.

필자도 이러한 문화적 구조를 이해하지 못해 해외영업에서 많은 시행착오를 겪었다. 시행착오는 고객을 상실하는 상황으로 이어진다. 이런 문제를 극복하기 위해 북미권과 유럽권에서는 경영 컨설턴트를 활용하고 있으며 한국 역시 최근 들어 이런 흐름을 따라간다.

문화적 차이 이해해야 소통 가능

하지만 문제점들이 많다. 저맥락 사회에서는 모든 부분들을 컨설턴트에 털어놓고 리빌딩(Rebuilding) 하고자 하는 욕구가 있지만, 아프리카나 남미, 아시아권의 나라에서는 기업의 문제점을 솔직히 털어놓고 전문가들로부터 조언을 받는다는 것이 매우 어려운 일이다. 실제로 고맥락 사회에서는 국가나 기업들이 컨설팅을 받고 이행하려고 해도 성공적이지 못한 경우가 더 많다.

이러한 문제들은 문화적인 맥락에서 기인한다. 앞의 사례에 나온 필자의 중국회사 역시 발전을 위해 여러 전문가들과 방법을 찾고자 노력하였으나 직원들이나 최고 경영자인 필자도 모든 것을 꺼내 놓고 문제점을 바꾸는 것에는 소극적이었다. 방법론의 차이, 보수적인 가치관, 직원들의 보이지 않는 저항, 컨설팅 전문가에 대한 의구심, 절대 회사의 문제점들을 바꿀 수 없다는 부정적인 생각 등으로 중도에 포기한 것이다.

만약 우리가 아시아, 아프리카, 중남미 기업들과 비즈니스 대화를 나눌 때 경영적인 문제 등에 대해 서구적인 사고를 가지고 접근한다면 이는 매우 어리석은 일이다. 아마도 대화의 결과는 상대 경영자들에게 불편한 마음을 만들고 간섭을 한다는 생각을 갖도록 하기에 충분할 것이다. 그러므로 이런 문제는 언급하지 않는 편이 좋다. 성공적인 의사소통이나 협상에 이르려면 상대 문화에 대해 맥락에 기반한 문화적 차이를 이해하고 난 후에야 가능하다고 확신한다.

'국궁진력(鞠躬盡力)'이라는 말이 있다. 이 말은 삼국시대 촉의 재상이던 제갈량이 후주 유선에게 피를 토하면서 올렸던 '후출사표'에 나오는 글귀다. '공경하는 마음으로 진정 몸을 굽혀 최선을 다해 모든 힘을 쏟아 붓는다'는 뜻이다. 어떠한 상황이라도 이러한 자세로 소통한다면 나라와 인종이 달라도 좋은 커뮤니케이션이 될 것은 틀림없다. 좋은 대화는 진지함과 존중에서 비롯되는 것이기 때문이다.

07

지구촌의 신언서판(身言書判)

'신언서판(身言書判)'은 중국 당나라 시대 과거제도에서 활용됐던 인재 평가를 위한 네 가지 기준이다. 바로 외모, 언변, 글솜씨, 판단력이다. 이 네 가지가 뛰어나야 우수한 인재라는 말이다. 당시로선 우수한 인재를 등용하여 나라를 부흥시키기 위한 제도였을 것이다.

지구촌을 상대로 비즈니스를 하다 보니, 글로벌 비즈니스에서 신언서판은 무엇일까를 생각하게 된다. 각 나라나 사회마다 문화 차이가 존재하므로 그만큼 다양할 것으로 생각했는데, 의외로 공통적이며 현대화된 신언서판이 작동하고 있다.

신=상대방 이해하고 글로벌 매너 갖춘

신언서판의 첫째인 '신'은 사람의 풍채와 용모를 뜻한다. 과거 인재의 판단 기준에서는 잘생기고 헌칠한 사람이 최고였겠으나, 현대 글로벌 비즈니스에서 단순한 외모의 유불리는 그 차이가 크지 않다.

필자의 경험상 현대 글로벌 비즈니스에서 신이 뛰어난 사람은 상대방 문화를 이해하고 글로벌 매너(Manner)를 잘 갖춘 사람이다. 서양에서도 비즈니스 상대방의 첫인상을 매우 중요시하는데, 상대의 문화를 무시하고 국제매너를 모르는 사람이라면 이미 신뢰를 상실한 것이다.

중남미나 아프리카에 가서 날씨가 무덥다고 반팔 셔츠를 입고 중요한 미팅에 참여하는 것은 상대방에 대한 예의가 아니다. 그들이 겉으로 표현하지 않을지 모르지만 이미 속으로 낙제점을 주었을 것이다. 자신을 멋지게 보이려고 정장을 입는 것이 아니라, 예의를 갖춘 복장이 상대방을 존중하는 표현 방식이기 때문이다.

한국기업인들과 함께 출장을 갈 기회가 있어 동행하다 보면, 낮에 미팅을 할 때에는 양복을 잘 갖추어 입었다가 정작 더 중요한 저녁 만찬에는 등산복 차림으로 나타나는 경우를 보게 된다. 필자가 부끄럽고 민망해진다. 당연히 비즈니스에도 악영향을 미친다.

고급 레스토랑에서는 더욱 눈살이 찌푸려진다.

모로코 카사블랑카 출장길에 있었던 일이다. 모든 일정을 마친 후 일행이었던 기업가 7명과 함께 현지 최고의 레스토랑엘 가게 되었다. 호텔 지배인이 알려준 ○○레스토랑에 택시를 타고 도착하니 레스토랑 입구 주차장에 세계적인 명차들이 가득했다. 택시를 타고 온 것은 우리 일행뿐이었다.

레스토랑에 입장하려고 하니 지배인이 놀란 얼굴로 앞을 가로막았다. 드레스코드가 맞지 않는다는 것이었다. 일행 중 두 분이 잠자리에서나 입는

헐렁한 반바지 차림에 날씨가 덥다며 슬리퍼를 신고 온 것이 화근이었다. 필자가 저녁식사 자리에 세미 정장을 부탁한다고 미리 말을 했지만 그들은 듣지 않았던 것이다 .

지배인에게 입장할 수 있게 해 달라고 사정해봤지만 소용이 없었고 결국 두 분을 호텔로 복귀시켰다. 나머지 일행이 레스토랑에 입장해 보니 상황을 이해할 수 있었다.

아프리카, 중동, 유럽의 많은 부호들이 저녁식사와 음악을 즐기고 있었는데 모두 단정한 복장이었다. 매우 격조가 있었고 필자가 가본 아프리카 최고의 식당이었다. 그런 곳에 헐렁한 반바지에 슬리퍼를 신고 나타난 사람들을 생각을 하면 지금도 아찔하다.

언=가벼이 말하지 않고 약속 지키는

신언서판의 둘째인 '언'은 말을 잘하는 재주나 솜씨일 것이다. 이는 현대 글로벌 비즈니스에서 신용이다. 가벼이 말하지 않고 한 번 약속을 하면 잘 지키는 사람이야말로 인재인 것이다.

중남미에서는 공식 만찬을 시작하기 전에 서로 덕담을 주고받고, 존칭을 사용하는 문화가 있다. 그런데 한국기업인들과 함께 현지에 나가 업무적인 일로 만찬을 하다 보면 때로 창피할 때가 있다. 복장도 문제지만 자리에 맞지 않게 저급한 말로 건배사를 하는 사람들 때문이다. 외국인들 관점에서 보면 성희롱으로 감옥에 갈 수도 있는 언행을 하는 사람들도 있다.

문제는 이들이 자신들이 어떤 문제가 있는지 자각을 못한다는 점이다. 도리어 그런 언행이 자신을 타인에게 돋보이게 만든다고 생각하는 것 같다.

산동성 고당현(高塘縣)에 거주하는 친구들에게 받은 글이다. 글귀는 후덕재물, 즉 덕을 두텁게 하여 만물을 포용하라는 내용이다.

수양이 덜 되었거나 국제문화에 둔감한 사람들이다.

그런 사람들이 수출하겠다고 지구촌 이곳저곳 돌아다니는 것을 보면 참으로 안타깝다. 입장을 바꾸어 본인이 바이어라면 그런 사람들과 거래를 하고 싶을지 생각하면 답이 나온다.

서=독서 많이 하고 지식 · 교양 쌓은

세 번째인 '서'는 글씨 자체 또는 글 솜씨가 그 사람의 됨됨이를 표현한다는 생각에서 인재의 기준에 포함되었을 것이다. 그러나 현대 글로벌 비즈니스에서 단순히 필적(筆跡)이 좋다거나 작문을 잘한다는 것만으로는 의미가 없다.

서를 갖춘 사람은 독서를 많이 하고 지식과 교양을 쌓은 사람을 가리키는 것으로 보아야 한다. 독서를 통해 쌓은 지식과 교양은 좋은 글과 품위 있는 대화의 밑거름이다. 바이어와 이메일 등을 통해 대화를 하다 보면 좋은 문장과 협상력이 경쟁력인 시대가 되었다는 것을 알 수 있다.

필적은 글씨를 쓸 기회가 많지 않은 현대사회에서 의미를 많이 잃었다. 컴퓨터나 스마트폰을 사용하니 더욱 그렇다.

그래도 동양에서는 어쩌다 소용이 닿을 때가 있다. 필자가 중국 산둥성에 원자재 구매를 위해 방문하면 오랜 친구들은 식당입구에 지필묵을 가져다 놓고 한 번 쓰고 들어가라고 한다. 매번 갈 때마다 그런 요청을 받는데, 젊었을 때 서예를 익힌 적이 있어 졸필이나마 실력을 발휘한다. 문장을 하나 쓰면 이에 대한 대화로 식사 전 30여 분이 화기애애하고 친밀감이 배가 된다.

판=신속하고 정확한 의사결정

네 번째인 '판'은 문리(文理)다. 즉 사물의 이치를 이해하고 정확한 판단력을 갖추는 것을 뜻한다. 뛰어난 판단이란 선입견이나 편견을 배제하고 사리사욕이 없으며 객관적이고 합리적으로 이뤄져야 한다. 현대 글로벌 비즈니스에서는 신속하고 정확한 의사결정 능력과 원칙을 잘 지키는 것 정도로 해석이 가능하다.

아무리 외모가 출중하고 언변이 좋고, 글이 능해도 사물의 이치를 이해하지 못하고 무딘 판단능력을 가졌다면 그 사람을 훌륭한 인재라고 할 수 있겠는가.

필자에게 가장 어려웠던 결정은 중국 현지 공장에서 생산하는 주요 생산품을 바꾸는 문제였다. 이윤이 지속적으로 떨어지고 생산성이 없는 가방용 원단이 아닌 폭발적으로 수요가 증가하고 이윤도 좋은 소파용 원단을 만드는 것이다.

하지만 소파용 원단을 만들어 본 경험과 기술이 없는 회사에서 이를 실행하기로 결정하는 것은 어려운 일이다. 자칫하면 무모한 판단으로 두 마리 토끼를 모두 놓칠 수도 있다. 그야말로 큰 위기였다.

필자는 바꾸지 않아도 위험하고 바꾸어도 위험하다면 바꾸는 것이 좋다고 판단했다. 결국 한 달 간 준비를 거쳐 과감하게 소파용 원단 생산을 시작했지만 계속 나오는 불량과 품질저하 등으로 매출이 70%나 떨어졌다.

하지만 다시 가방용 원단으로 바꾸지 않고 지속적으로 품질개선에 노력한 결과, 생산성과 품질 모두 정상 궤도에 진입했다. 덕분에 매출도 증가했고 22여 년이라는 짧지 않은 세월 동안 사업을 유지할 수 있었다.

그 당시 개발한 소파용 신제품으로 중남미 시장에 진출하는 데에도 성공했으니 그때 그 결정이 얼마나 중요한 것이었는지 알 수 있다. 당시 판단을 잘못 내렸다면 회사가 어려워져 중국에서 야반도주라도 해야 했을지 모른다.

신언서판보다 앞선 첫인상의 중요성

첫인상(First Impression)을 결정할 때 걸리는 시간을 국가별로 조사한 흥미로운 결과가 있다. 미국인이 15초, 일본인이 6초, 한국인은 3초다. 상대방을 파악하는데 3초면 충분한 한국인들은 역시 눈치가 빠른 민족이다.

어쩌면 비즈니스에서 첫인상이 차지하는 비중은 신언서판의 범주보다 앞에 있지 않을까 생각한다. 첫인상이 결정되면 그 이후에는 여러 변수가 있어도 쉽게 바뀌지 않는다.

그러므로 글로벌 비즈니스에서 상대방에게 좋은 인상을 줄 수 있도록 매우 신경을 써야 한다. 격식에 맞는 의복과 정제된 언어, 그리고 상황에 적절한 행동은 첫인상에 좋은 영향을 미친다.

'해현갱장(解弦更張)'이라는 말이 있다. 〈한서(漢書)〉 동중자전(董仲舒傳)에 나오는 말로 '거문고 줄을 풀어 팽팽하게 다시 맨다'는 뜻이다. 거문고 줄이 늘어져 있으면 음이 맞지 않고 훌륭한 연주를 할 수도 없다. 이럴 때에는 줄을 다시 풀어 팽팽하게 잡아매야 한다.

회사의 경영도 동일하다. 제품이 변화된 시장에 맞지 않고 회사 운영에 어려움이 있다면 다시 세팅을 해야 할 것이다. 그것도 여의치 않으면 '튜닝'이라도 해야 한다. 아름다운 선율을 듣고 싶다면 '조율'은 필수다. 글로벌 시대에 퇴보하지 않으려면 실시간으로 창조와 혁신을 쏟아내는 기업이 되어야 한다.

〈논어(論語)〉의 안연(顔淵)편에 '비례물시 비례물청 비례물언 비례물동(非禮勿視 非禮勿聽 非禮勿言 非禮勿動)'이라는 말이 있다. 예가 아니면 보지 말며, 예가 아니면 듣지 말며, 예가 아니면 말하지 말며, 예가 아니면 행하지 말라는 것이다. 글로벌 시대에도 적용이 가능한 말이다. 지구촌 어디를 가든 무엇을 하든 문화적 에티켓을 잘 지킨다면 인정받는 비즈니스맨이 될 것이다.

08

관상과 글로벌 비즈니스

어떤 직원들은 도전하지 않는 회사가 좋은 회사라고 생각할지도 모르겠다. 그러나 그 회사는 얼마 못 가 무너지고 없을 것이다.

회사는 항상 도전해야 한다. 그 과정에서 직원과 대표 사이에 생각의 차이가 있을 수 있는데, 이를 극복하는 것은 대표의 몫이다.

성공을 향한 이 도전에서 반드시 수반되는 것이 사람과의 만남이다. 이 인연에는 항상 리스크가 존재한다. 어떻게 하면 사람에 대한 리스크를 극복할까 하는 것이 성공의 중요한 포인트가 될 수 있다.

필자가 사업을 시작한 지도 어느덧 22년째다. 지금도 여전히 어려운 문제 중 하나가 사람이다. 그가 바이어든, 직원이든 항상 리스크가 주변을 맴돌고 있다. 결국 필자가 생각해 낸 해결 방법은 관상을 공부하는 것과 비언어적(Non-verbal) 요소들을 연구하여 나름 판단을 해 보는 것이다.

아름다운 중남미 카리브 해안의 주택들(2017).

아프리카 바이어가 봐준 관상

외국에도 관상이 존재할까. 2012년 아프리카에 출장을 갔을 때 매우 절친한 바이어가 필자의 관상을 봐준 적이 있다. 그는 필자의 내면에 대해 이런저런 언급을 했는데, 당시 놀라울 정도로 정확해 필자를 당황스럽게 만들었고, 필자가 어떠한 사람이 될 것이라고 예견했는데 10년이 지난 2022년 현재 그의 예언들은 모두 절묘하게 들어맞았다.

그는 아프리카에서도 관상이 사업상 매우 중요하며 관상의 기본을 응용해 비즈니스에 활용하기도 한다고 했다. 관상이 맞고 틀림과는 관계없이 전세계 사람들의 공통적 관심사라는 것을 필자로서는 처음 경험했다.

보통 관상은 동양에만 존재할 것이라고 생각하기 쉬운데, 놀랍게도 관상은 동서양을 막론하고 인간관계에서 중요하며 유구한 역사를 가지고 있다. 서양의 경우 관상학을 창시한 사람은 정확하지는 않지만 기원전 6세기

경 피타고라스로 보는 견해도 있다. 서양의 관상학은 아리스토텔레스가 크게 발전시켰으며, 특히 그의 관상학은 중세를 거쳐 16세기까지 지대한 영향을 미쳤다.

또한 현대 사회에서, 특히 상업 비즈니스에서 관상은 그 영향이 겉으로 돌출되어 나타나지는 않으나 보이지 않는 곳에서 중요한 역할을 하기도 하다. 관상은 영어로 'Phrenological Interpretation'이다. 직역하면 '골상(骨相)에 대한 해석'이다. 말 그대로 관상은 골상을 중심으로 사람을 알고자 하였으며, 학문적으로 체계화한 것이 관상학인 것이다.

관상이 비즈니스에 영향을 미칠까

첫 인상이 나쁜 상대방과 비즈니스를 할 의향이 있을까? 그리고 생면부지의 사람들과 신용으로 거래해야 할 때, 우리는 어떤 기준을 가지고 거래를 할 것인가.

당연히 상대 회사의 재무구조와 제품가격과 품질 등을 고려하여 결정하겠지만, 이 결정에 영향을 미치는, 보이지 않는 중요한 사항이 하나 더 있다. 거래 상대방의 관상이다.

흔히 결혼을 앞두고 상대 집안의 배경과 그사람의 성장과정을 살펴보는데, 상대의 관상(인상)이 매우 나쁘다면 마음이 끌리지 않을 것이다. 비즈니스도 마찬가지다.

필자의 경험에서도 그런 경우가 매우 많았다. 어떤 이들은 관상에 대하여 중요하게 생각하지 않겠지만, 비즈니스를 포함해 현실 사회에서 관상이 작용하고 있다는 점은 부인할 수 없다.

허영만의 〈꼴〉이라는 책을 감수한 회당(會堂) 신기원 선생은 관상학과 함께 사주학, 성명학, 점성술과 같은 운명학과 기문둔갑술 등을 섭렵했는데, 특히 인상학의 탁월함을 분명히 깨닫게 되었다고 한다. 다른 운명학과는 달리 관상학은 실상을 직접 보면서 느끼는 직관력을 기반으로 하고 있고, 수십억의 인구 중에서 한 사람도 같은 사람이 없다는 개체학(個體學)으로서의 면모를 지니고 있으며, 정확성을 갖추고 있고, 개개인의 중요성에 대한 인식을 기반으로 하고 있다고 설파했다.

관상을 넘어서는 '마음의 쓰임새'

그렇다면 관상으로 모든 것이 정해져 있을까. "사주가 상만 못하고, 상이 마음의 쓰임새를 당하지 못한다"는 말이 있다. 이 말은 개개인의 운명이 바뀔 수 있다는 말이며, 노력하면 자기의 인생을 바꿀 수 있다는 뜻이기도 하다. 필자는 이 말을 '결국 덕을 쌓아야 한다'는 뜻으로 해석한다.

실제 비즈니스에서는 그러한 일들이 비일비재하다. 아마 오랜 기간 거래를 해온 바이어들과 이런 스토리가 많이 쌓여 있을 것이다. 그렇지 않다면 그렇게 오랜 기간 비즈니스를 하기 어려웠을 것이다. 상대방이 어려울 때 도와주고, 반대로 자신이 곤란한 처지에 놓였을 때 상대방의 도움을 받는 역지사지의 마음 없이 비즈니스는 이뤄지지 않는다.

관상으로 비즈니스 리스크 회피

우리는 이제 비즈니스와 관상에 대하여 중요하게 생각해볼 필요가 있다. 상대의 관상을 어느 정도만 읽을 수만 있다면 국제비즈니스에서 적어도 위험을 회피할 가능성이 커질 것이기 때문이다.

동서양에서 관상을 보는 최대 목적은 곤란한 문제들을 사전에 막아 보고자 함이다.

회사에서 거래 횟수가 일 년에 수십 번 이상일 정도로 친숙한 거래처라고 할지라도, 그 거래처의 잘못된 사람으로부터 무역사기 등을 당한다면 그동안의 이익은 몽땅 없어질 수 있고, 때로는 회사의 존립마저 흔들릴 수가 있다. 더욱이 비즈니스를 처음 시작하거나 작은 회사일수록 후폭풍이 크게 나타날 것이다. 이러한 상황을 예방하는 데 있어 관상은 큰 역할을 할 수 있다.

사실 기업을 하면서 그런 일들을 당해 보지 않는 사람들이 어디에 있겠는가? 필자도 매년 해외 바이어들로부터 미수금이 발생하여 골치를 썩이고 있다. 그렇다고 그런 것들에 겁을 내서 일하지 않거나 소극적으로 경영할 수는 없다.

아무리 안전한 결제방식으로 거래를 한다고 하더라도 양심이 없는 바이어들은 전 세계 도처에 널려 있다. 비즈니스에 위험이 도사리고 있다는 뜻이다. 보통 아프리카나 남미 국가들이 위험하다고 하지만, 필자의 경험으로는 오히려 북미인들이 지독한 무역사기를 치는 경우가 더 많았기 때문에, 막연히 대륙별로 신용도를 설정하여 업무에 이용하는 것은 매우 위험한 발상이라고 생각한다.

오히려 각각의 개별기업이나 사람들을 파악하여 일하는 것이 타당하다고 생각한다.

삶의 성공과 실패는 '관 뚜껑'을 덮기 전까지 모르는 일이다. 사마천의 〈사기〉에 보면 춘추시대의 제나라 명재상으로 이름을 떨친 관중과 안영의 이야기가 나온다. 공자에게 소인으로 폄하되고 보잘것없던 관중이 제나라에서 크게 재능을 떨치고 뛰어난 재상이 된 것은 친구 포숙의 추천 덕분이었다. 포숙은 관중의 능력을 잘 알고 있었기 때문에 그를 추천한 것이다. 즉, 포숙은 사람을 알아보는 눈을 가지고 있었던 것이다. 현대 경영에서도 사람을 보는 안목이 필요하다. 보잘것없는 회사라고 하여 배척을 하거나, 잠재적인 능력이 뛰어난 사람을 알아볼 줄 모른다면 더 큰 것을 잃을 수 있다.

아프리카 · 중남미에서 성공하려면

특히 아프리카나 중남미에서는 이러한 인식이 필요하다. 세계에서 가장 큰 대형시장이 미국인데, 미국시장을 승부처로 삼으려고 한다면 더 많은 고려요소가 필요할 것이다. 엄격한 품질관리 시스템이나 제품인증, 그리고 치열한 경쟁 같은 것 말이다. 하지만 이런 것들을 갖추기란 쉽지 않다. 그러한 요건을 충족하기 어렵다면, 아프리카나 중남미 두 대륙을 노려볼 것을 추천한다. 제품인증 등 요건이 까다롭지 않고 제한적인 경쟁을 하는 경우가 많으므로 오히려 북미시장보다 이익이 될 수 있다고 생각한다.

어찌 되었든, 어려운 시장에서 장기적으로 인간관계를 유지하고, 거래를 계속 유지하려면 '복진탈락(福盡脫落)'이 되지 않도록 노력해야 한다. 복은 영원한 것이 아니며, 타고난 복을 다 써버리면 나락으로 떨어지는데, 그렇게 되지 않으려면 부지런히 덕을 쌓아야 하는 것이다. 즉, 많은 것이 다르고 어려운 시장인 아프리카와 중남미에 진정한 마음으로 다가서고 좋은 제품과 신용을 유지한다면 필히 복을 받는 여경(餘慶)이 있을 것이다.

09

무역(貿易)과 주역(周易) 사이

무역을 하려면, 주역(周易) 같은 역학 공부가 필요하지 않을까 생각해 봤다. 무슨 뜬금없는 소리인가 하실 독자들이 계실 터이다. 무역을 하다 보면 다양한 국가의 사람들, 또한 여러 연령층의 사람들을 만나게 되는데 그들과 비즈니스를 하려면 많은 지식은 물론 현명한 철학도 필요하다. 변덕스러운 상대방과 협상을 잘하는 것이 때로는 신용장(L/C) 규칙보다 더 중요할 때가 많다는 얘기다. 하지만 이러한 것들에 대하여 대다수 사람들은 관심이 없다.

주역이 대체 어떤 책이기에…

그렇다면 주역이 대체 어떤 책이기에, 하는 궁금증이 생길 것이다.

초아(草阿) 서대원 선생에 의하면, 주역은 첫째, 난해한 책으로서 기본

중국 산동성 공자 탄생지 취푸(曲阜)에 조성한 거대한 공자 동상. 높이가 무려 72미터에 달한다.

적으로 그 내용이 철학적이고 비유적일 뿐만 아니라 형식과 내용 모두에서 비약과 반전이 난무한다. 둘째, 주역의 주석이나 해설서들은 주역 자체보다 더 난해하다. 셋째, 주역은 점을 치기 위한 책이 아니다. 즉 주역은 보편타당한 진리를 말한 책이지 장래의 개인적 길흉화복을 예견한 책이 아니다. 넷째, 주역은 단순한 유교 경전이 아니다. 주역은 유학의 가르침을 뛰어넘어, 도교적 이상과 유학의 경세(經世) 원칙을 동시에 포괄하는 책이다. 다섯째, 주역은 심오한 동양철학을 바탕으로 한 처세의 책이다. 주역은 일종의 철학서이며, 음양의 원리와 자연의 법칙 등이 내포되어 있다.

필자는 초아 선생의 정의가 매우 정확하다고 생각한다. 특히 '심오한 동양철학을 바탕으로 한 책'이라는 데에 크게 동의하는데, 이 책의 내용이 국제 비즈니스에서 매우 중요한 역할을 하는 것이 틀림없다는 생각에서다.

심리학이 인간의 마음을 다스려 밝히는 학문이라면, 주역은 이를 더 확대한 것으로 보면 쉽게 이해가 될 것이다. 주역학자인 김승호는 심리학으로는 찾을 수 없고 해결되지 않는 것들은, 주역을 통하여 다 풀 수 있다고 하였다.

이러한 견해들을 정리하여 보면, 국제무대에서의 주역은 얽히고설키어 이해관계가 어려울 때 특히 효과를 발휘하는 학문이라는 생각이 든다. 동서양을 막론하고 사람과 사람 사이의 관계는 매우 복잡하고 난해한 경우가 많은데, 무역을 할 때 주역의 큰 뜻을 이해하고 있다면 비즈니스 결과도 좋아질 것이다. 공자나 아인슈타인이 죽을 때까지 주역을 공부하고자 하였다고 하니 평범한 우리에게 많은 생각을 하게 한다. 현대사회에서도 주역의 중요성은 더 높아질 것이다.

동양철학의 근간을 이루는 주역이 서양으로 처음 전해져 소개된 곳은 중세 독일이었다. 중국에 파견된 가톨릭 신부에 의해 전파되었고, 그 이후 여러 나라에서도 주역을 접하게 되었다.

또한 수학자 라이프니치는 주역에서 영감을 얻어 오늘날의 컴퓨터의 기본이 되는 2진법을 개발하기도 하였다.

공자는 말년에 주역을 잠시도 손에서 놓지 않고 열심히 읽었다고 한다. 〈사기〉에 '위편삼절(韋編三絕)'이라는 말이 나오는데, 공자가 주역을 늘 가까이 두고 즐겨 읽어 책을 엮은 죽간의 끈이 세 번이나 끊어졌다는 데서 오는 고사성어다. 그만큼 주역을 많이 읽었고, 또 난해하다는 말이다. 공자는 주역을 읽으면서 후세 사람들에게 "50세부터라도 역(易)을 읽기 시작한다면 그 이후 삶을 살아가는 데 있어 큰 잘못을 범하지 않을 것"이라고 말했다고 한다. 주역이 매우 중요하고 귀중한 정보를 담고 있음을 유추할 수 있다. 필자가 가장 좋아하는 책이기도 하는데, 삶의 지혜를 많이 주는 것 같다.

주역으로 풀어본 무역의 의미

필자가 박사과정을 공부할 때 지도교수였던 박승락 청주대학교 교수님은 주역에 입각하여 무역의 의미를 풀어 주신 적이 있다. 주요 내용은 다음과 같다.

무역을 한자로 쓰면 '貿易'인데 무(貿)자의 윗 부수의 의미는 집토끼이다. 집토끼는 번식력이 강한데, 이것은 번영 및 번창을 의미한다. 그리고 밑변은 조개 패(貝)자인데 우리가 이미 알고 있듯이 화폐를 의미한다. 또한 역(易)자는 교역(Exchange) 또는 변화(Change)를 의미하며, 이를 통하여 가치를 창조하는 것이다.

박 교수님은 이어 현대무역에서 역(易)의 의미를 크게 4가지로 정리하여 설명하였다.

첫째는 교역(交易)으로, 이는 가치증대이다. 둘째는 간역(簡易), 이는 서비스(Service)나 이익(Benefits)과 같은 부가가치 제공, 그리고 해법(Solution) 등이다. 셋째는 변역(變易)으로 이는 변형(Transformation)과 혁신(Innovation) 또는 창조이다. 넷째는 불역(不易)인데, 이는 변화하지 않은 가치, 핵심가치 또는 역량(Core Competence)이다.

현대 경영학적인 의미에서 무역의 구성요소는 그 첫째가 커뮤니케이션(Communication)인데, 교역(交易)이라는 의미에서 볼 때 관계의 질(Quality of Relation)을 말할 수 있으며, 둘째는 신용(Credit)을 말할 수 있다. 무역거래는 신용을 기반으로 하여 교역이 발생되고, 가치가 창출된다. 또 인터넷 등으로 인한 다자간 거래에 있어서도 신용은 매우 중요한 기반이다. 셋째는 몰입(Commitment)이다. 이는 충성을 말한다.

교역할 때 고객들에게 제공되는 질 좋은 서비스는 좋은 몰입 (Commitment) 효과, 즉 고객의 충성을 유발할 수 있다는 것이다.

무역을 하려면 세상 이치를 알아야

필자는 무엇보다 주역이 주는 함의적(含意的) 가치가 매우 높다고 생각한다. 세상의 이치를 알아야 세계의 사람들과 만나 교역도 하고 좋은 친구도 사귀는 것이 아니겠는가. 주역이 어려운 책인 것임에는 틀림이 없지만 항상 곁에 두고 자주 접하기를 희망한다. 주역을 공부한다는 것은 세상을 살면서 현명한 삶을 통해 자신의 모습을 되돌아보게 되는 방책을 갖게 되는 것이며, 기업경영을 하면서 경영철학을 형성할 때에도 훌륭한 지침이 될 것이다.

원광대 조용헌 교수는 그의 저서 〈그림으로 함께 보는 조용헌의 담화 (2007)〉에서 주역의 핵심을 두 가지로 보았다. 첫째는 '음중양 양중음(陰中陽 陽中陰)'의 이치다. 둘째는 '적선지가 필유여경(積善之家 必有餘慶)'이다. 전자는 '불행 가운데 행복이 있고, 행복 가운데 불행이 있다'는 뜻이며, 후자는 '좋은 일을 많이 한 집안에는 반드시 경사스러운 일이 있다'는 것이다.

주역의 가치는 개인이나 가정이나 기업이나 모두 마찬가지다. 사람을 만나고 경영하고 기업의 이윤이 발생한다면 '적선(積善)'을 하는 것이 기업이 장수하는 데 도움이 될 것이다. 혼자만 배가 부르다면 어느 누가 험난한 인생의 여정에서 오월동주(吳越同舟)하겠는가? 전 고려대 부총장이셨던 이광현 교수는 필자에게 "성공하려면 많은 사람들에게 밥을 많이 사라"고 하셨다. 상대가 누구이든 선을 쌓는 일의 중요성을 알려 주신 것 같다.

초운 김승호는 〈돈보다 운을 벌어라〉라는 책에서, 회사의 장수 여부는 주역의 괘상 중 수뢰준(水雷屯)의 의미와 같이 숲 속에서 길을 잃은 사냥꾼과 같다고 했다. 수뢰준은 새로운 시작의 어려움으로 질서를 잡아 나가는 초기를 말한다. 공자는 이러한 괘상을 가지고 군자의 태도를 가르쳤는데 '경륜(經綸)해야 한다'고 하였다.

기업운영에 있어서 가장 큰 핵심은 대표자의 마인드이다. 자신만의 경영철학, 다시 말해 어떠한 철학을 가지고 기업 경영에 접목할 것인가 하는 것이다. 둘째는 직원들의 근무 태도일 것이다. 공자가 말한 경(經)은 정신 상태이고 륜(綸)은 직원들의 근무 태도를 말한 것이다.

결국 이런 요소들이 기업의 장수와 밀접한 관계가 있고 또 중요한 역할을 하지 않을까 싶다. 누구나 장수기업이 되려고 한다. 이 글을 쓰는 필자도 이제까지 22년 동안 회사를 영위했지만 언제까지 가능할지 예측할 수 없다. 장수기업으로 발돋움하려면 한두 가지만 잘해서 되는 일은 아닐 것이다. 다만 가장 중요한 리더의 정신 상태와 직원들의 근무 태도가 좋다면 장수기업이 될 가능성이 크다고 생각한다. 필자도 회사경영에서 항상 주시하고 경계하는 부분이며, 주역이 주는 지혜를 경영에 접목하려 노력하고 있다.

10

글로벌 사회에서의 침묵

'문화 간 커뮤니케이션'의 저자 레리 A. 사모바(Larry A. Samovar)에 의하면 말을 중시하는 서양문화에서 침묵은 무시되거나 혹은 부정적으로 여겨져 왔다. 반면 동양문화에서는 침묵이 중요한 의사소통 수단으로 사용되어 왔다.

동양에서 침묵은 서양의 침묵과 매우 다르다. 동양인들은 잡음과 대화가 없어도 불편하지 않으며, 그래서 고의로 정적을 깨려 애쓰지 않는다.

특히 한국인들은 어렸을 때부터 부모로부터 침묵에 대해 교육을 받아왔으며, 사회생활에서도 침묵을 미덕으로 생각하는 경우가 많아 때때로 이문화 간 소통에서 문제가 되기도 한다.

동양에서 출발한 불교와 유교는 침묵을 중요하게 여긴다. 불교에서는 침묵을 통해 깨달음을 얻을 수 있다고 생각하며, 공자는 침묵을 '배반하지 않을 친구'라고 가르쳤다. 또한 침묵의 길이가 가장 긴 일본인들은 종종 침묵이 신뢰성과 연관되어 있다고 생각하며, 갈등과 난감한 상황에서 침묵을 사용하곤 한다. 일본 속담 '우는 오리가 총 맞는다', '꽃은 말하지 않는다' 등은 침묵의 중요성을 강조하고 있다. 한국이나 중국에서는 '남아일언중천금(男兒一言重千金)'이나 '침묵은 금'이라는 말로 침묵을 강요한다.

동서양, 국가별로 침묵의 의미 달라

오래 전 중남미에 출장 갔을 때 필자의 말이 끝나지도 않았는데 중간에서 말을 자르며 자신의 의견을 자연스럽게 말하거나, 필자의 말이 끝나자마자 숨 돌릴 사이도 없이 답변하는 그들을 보고 매우 놀랐던 기억이 난다. 지금은 이런 상황에 익숙해졌고, 습관이 되어 침묵의 시간이 길어지지 않도록 하는 것에 어려움이 없다.

우리가 명심해야 하는 것은 침묵이 우리에게는 참신하고 조신한 이미지를 가진 것으로 여겨지지만, 북미·유럽·중남미에서는 불편함, 부정 등으로 비칠 수 있다는 점이다. 중남미인들이나 아프리카인들은 거의 비슷할 정도로 침묵의 시간이 매우 짧다. 침묵의 시간이 긴 일본인들이나 그 중간에 있는 한국인들과는 매우 차이가 난다는 것을 인식해야 한다.

침묵은 동의의 증거, 관심의 부족, 상처받는 느낌, 또는 경멸로 해석될 수가 있다. 비즈니스를 하다 보면, 오퍼를 넣었는데 상대가 반응하지 않는 경우를 종종 경험한다. 특히 북미나 유럽에서는 그 정도가 매우 심한데, 이는 일반적으로 부정이라고 볼 수 있다.

서양에서 철학자 아리스토텔레스, 플라톤, 소크라테스 등을 칭송하는 문화는 기본적으로 침묵에서 흥미를 찾고 있지는 않다는 것을 독자들도 알 것이다.

아프리카 · 중남미에서 침묵은 부정을 의미

때로는 침묵으로 협상할 수도 있겠지만, 비즈니스 측면에서 보면 아프리카나 중남미에서는 미덕이 아니다. 침묵은 곧 부정을 의미하여, 또는 상대방의 감정을 상하게 하여 거래를 영원히 종결하는 상황으로 만들 수 있다. 그러나 북미나 유럽, 그리고 한국이나 일본에서는 침묵이 곧 교양이 될 수 있고, 권위를 상징하는 경우가 있다. 특히 일본인들의 침묵은 때때로 상대하기에 많은 부담과 혼란을 주는 경우가 있다.

필자는, 자녀들에게 침묵을 강요하는 한국 문화는 좀 문제가 있지 않나 생각한다. 또한 사회생활 초심자들에게 경청을 미덕이라며 강요하고, 상사들 앞에서 자기주장을 강하게 하는 젊은 직원들을 최악으로 인식하는 직장 문화 역시 마찬가지다. 이러다 보니 한국 사회에서 종종 회의는 침묵의 장이 되는 것이다.

잘 듣는 것이 미덕임에는 틀림이 없으나, 직장에서 자신의 아이디어나 필요한 개선방안에 대하여 침묵으로 일관하다 보면 핵심역량이 모여지지 않는다. 특히 스피드가 생명인 글로벌 시장에서 자신의 생각을 침묵으로 일관하는 사람들은 리더가 될 수 없다. 자기가 발언한 내용을 지키지 못하거나 틀린 경우가 무서워 주저하다 보니, 빌 게이츠나 스티브 잡스, 마윈 같은 창의적 인재가 나올 수가 없다. 이들은 수많은 실수와 실패를 한 인물들인데, 만일 이들이 침묵하는 부류였다면 성공은 불가능했을 것이다.

좋은 거래처가 있으면 바로 전화를 걸 수 있어야 하며, 상대가 방문을 거절한다고 바로 포기하지 말고 과감히 문을 열고 들어가는 용기가 필요하다. 침묵은 꼭 필요할 때 써야 한다.

결론적으로 기업에서 침묵이 필요한 시기는 협상할 때뿐이다. 이외에는 필요하지 않다. 바이어의 질문에는 바로 대응을 해야 치열한 글로벌 경쟁에서 자기 회사의 상품을 설명할 때는 최대한 열정적으로 해야 하며, 바이어의 질문에는 바로 대응을 해야한다. 바이어의 질문에 머뭇거리며 천천히 대화하는 방식은 맞지 않는다.

바이어들은 종종 필자에게 "당신은 다른 아시아 사람들과 차이가 있다"

협상에서 중남미인들은 침묵을 부정의 의미로 받아들일 가능성이 크다. 중남미 카리브 해안에서 바이어와 함께(2015).

고 말했다. 필자가 바이어와 대화할 때 바로 응답하고 적극적으로 반응하여 그런 것이다. 다른 아시아 업체 관계자들과 미팅을 할 때 매우 답답하게 느끼는 경우가 많다고 한다. 특히 중남미와 아프리카 지역에서 침묵을 곧 부정의 의미로 받아들이는 것이 일반적이어서 아시아적인 가치관을 가지고 그들과 장시간 대화를 하면 좋은 결과를 얻기가 힘들다.

문화인류학자 에드워드 T. 홀(Edward T.Hall)은 이런 차이를 '고맥락(High Context)'과 '저맥락(Low Context)'이라는 개념으로 설명했다. 맥락이란 커뮤니케이션이 진행될 때의 대인관계도 포함된 모든 상황을 의미한다. 홀은 맥락이 커뮤니케이션에 미치는 영향이 다르다는 사실에 주목했다. 대화에서 표현되는 말보다 그 배경을 중시해서 의미를 받아들이려 하는 고맥락 문화와 저맥락 문화 간의 차이를 밝혀냈다. 고맥락 문화일수록 배경에 의한 메시지 전달 의존도가 높다. 중남미 국가, 아시아 국가, 남유럽국가들이 고맥락 문화에 속한다. 이들 문화에서는 동료의식이 높고, 깊게 사귀기 때문에 언어 그 자체보다 맥락에 따라서 깊은 메시지를 이해한다.

이에 반해 북유럽, 북미, 오세아니아 등은 저맥락 문화에 속한다. 이들 문화에서는 개인주의가 발달해서 집단 귀속 의존도 낮다. 때문에 정보를 맥락에서 얻는 것이 어렵다. 따라서 맥락에 의지하는 것보다도 표현된 말 그 자체를 중시하는 경향이 크다. 이러한 정황으로 볼 때 고맥락 사회에서 침묵은 매우 큰 영향을 미칠 수 있을 것이다. 아시아인 중에는 일본인들이 가장 긴 침묵의 시간을 가지고 있으며 한국인들도 침묵의 시간이 긴 편이다. 이에 반해 중남미나 아프리카 등에서는 침묵의 시간이 짧다. 특히 브라질인들은 매우 짧다. 비즈니스 상대방이 한국인이나 일본인들이라면 침묵을 길게 하는 것에 대해 걱정할 필요가 없지만 중남미 지역 사람들과 대화 중 침묵이 길어지면 부정적인 결과가 도출될 것이다. 비즈니스에서 침묵의 사용은 맥락에 의존하여 현명하게 사용해야 함을 필히 기억을 해야 한다.

비즈니스에서 때로는 긴 침묵으로 협상 우위를 점할 수 있다. 그러나 자주 긴 침묵을 사용하는 것은 바람직하지 않다. 긴 침묵은 바이어들을 불편하게 만드는 방법이므로 대화를 바로바로 이어가는 것이 좋다. 침묵은 금이 아니라 거래를 망치는 방법일 수 있기 때문이다.

고수들은 협상에서 침묵을 적절히 활용

그럼에도 불구하고 협상 테이블에서 비즈니스 고수들은 종종 침묵을 적절히 활용한다. 상대방이 터무니없는 제안을 할 때 즉각적으로 응하지 않고 한동안 침묵하여 있으면 상대방은 자중하며 자신의 말에 대해 생각해 볼 것이다. 특히 중동이나 아프리카, 인도, 중남미 지역 바이어들은 자주 말도 안 되는 가격을 요구하는데, 이런 경우 잠시 응하지 않고 있는 것도 좋은 전략이 된다. 그러면 그 침묵을 못 견디는 사람들은 제안을 철회하거나 양보하게 된다. 말도 안 되는 가격이라고 되받아치게 되면 의미 없는 시간만 보내거나 지레 겁을 먹고 바닥 가격을 상대방에게 주게 될 수 있다. 필요 시 침묵의 효과를 활용해야 하는 이유다.

전략적 침묵(Strategic Silence)을 하게 되면 보통의 사람들은 그 침묵에 당황하게 된다. 경험이 많지 않고 노련하지 못한 사람들은 말이 많아지게 되고 그러면 자신의 정보를 많이 노출하게 되어 결과적으로 많이 양보하는 경향이 많다. 동서양을 막론하고 침묵을 비윤리적인 것으로 간주하는 경우가 있다. 때로는 전략적 침묵으로 그 협상에서 성공하겠지만 자주 거래하는 거래처라면 부정적인 시그널이 될수 있다. 침묵을 협상으로 사용하는 것은 지극히 중요하고 어쩔 수 없는 상황으로 국한해야 한다. 침묵을 자주 사용하는 협상자는 거래에서 좋은 결과를 얻기 힘들 것이다.

11

전쟁과 경영

코로나19 이후 출장을 가지 못하는 갑갑함을 독서로 달랬는데, 특히 전쟁사에 관심이 많아 관련 책들을 많이 읽었다. '전쟁'과 '평화'가 양립하여 존재하는 단어라는 점은 아이러니다.

대한민국의 역사를 보더라도 오랜 평화 뒤에는 전쟁이 발발했다. 어찌보면 역사는 전쟁과 평화를 반복하는 과정이 아닌가 싶다.

전쟁은 피할 수 있다면 피하는 것이 최상의 선택이라는 것을 역사가 말해주고 있지만, 인간은 망각의 동물이어서 과거의 교훈을 잊어버린다. 최근 러시아의 우크라이나 침공이 그렇다.

필자는 국가 간 전쟁에 준할 정도의 분쟁이 많은 아프리카 지역을 자주왕래하다 보니 자연스레 전쟁의 깊은 상처를 알 수 있었다.

기업경영은 어떤 면에서 전쟁과 비슷한 맥락을 지니고 있다. 평소 준비가 되어 있지 않으면 패배한다. 세계 1위 기업이 어느 순간 사라지는 경우를 우리는 많이 봐 왔다. 미진한 전략을 수립하고 연구개발을 게을리 하다가 위기가 닥쳐왔을 때 파멸한 것이다.

또 기업 경영진이 잘못된 판단이나 결정을 내려 허무하게 망하기도 한다. 전쟁사에 관심을 가지고 사료를 살펴보니 더더욱 그러한 생각이 든다.

패망 직전 일본군의 무모한 '본토 옥쇄작전'

2차 세계대전을 살펴보면 오만과 독선, 그리고 잘못된 판단이 파멸을 가져온 사례를 많이 접한다. 대표적인 예 중의 하나가 태평양전쟁 말기 일본의 망상이 불러온 작전이다.

일본은 1945년 패망 직전에 '본토 옥쇄작전'이라는 것을 수립한다. 1945년 3월 도쿄에 대한 연합군 포격으로 히로히토는 전쟁에 이길 수 없음을 직감했지만, 당시 일본 육군은 본토에서 옥쇄작전을 펼쳐 미군에 결정적인 타격을 입힌다면 명예로운 평화를 얻을 수 있다고 생각했다.

일본 육군 수뇌부는 당시 일본 인구 7000만 명 중 남성이 3500만 명이고, 그 중 전쟁 참여가 가능한 인구를 1000만~1500만 명으로 보았다. 그리고 만약 미군 100만 명이 일본 본토에 상륙한다고 가정할 때 일본 남성 900만 명을 투입하여 9명당 미군 1명을 죽일 경우 그래도 100만~600만 명이 남는다는 기상천외한 논리를 개발했다.

천황을 위해 옥쇄하는 것은 영광이라는 광기가 만들어낸 논리다. 결국 원자폭탄을 맞아 이를 실행에 옮기지 못했지만 육군 수뇌부의 잘못된 망상과 집단적 광신이 일본을 또 다른 파멸로 이끌 뻔했다.

독일의 모스크바 침공 작전도 오만과 독선

독일의 모스크바 침공 작전에서도 지휘부의 오만과 독선이 얼마나 무모한 것인지 나타난다. 1941년 6월 나치 독일은 소련을 침공한다. 과거(1812년) 나폴레옹이 러시아 침공에서 대패한 사례를 거울삼아 히틀러는 305만명을 동원하여 빈틈없는 작전을 수립하고 전쟁을 수행했다. 그리고 초반 전투에서 60만 명이나 되는 소련군의 포로를 잡았다.

하지만 이후 비가 오더니 기온도 급강하했다. 일명 '나폴레옹 기후 (Napoleon Weather)'가 시작된 것이다. 당시 독일군은 겨울이 오기 전에 전쟁을 끝내려고 동계 작전에 필요한 모든 것을 준비하지 않은 상태였다. 결국 모스크바 근처까지 온 독일군을 기다린 것은 동장군과 진흙장군(Mud General)이었다.

그해 12월 독일군은 모스크바 15마일 근처까지 이르렀지만, 추위로 인해 부동액이 없는 탱크나 차량은 고철 덩어리에 불과한 지경이 됐다. 그러나 히틀러는 15마일이면 점령이 가능하다는 미련을 가지고 버티다 전열을 정비한 소련군에 의해 괴멸되기 시작했다. 나폴레옹과 같은 궤멸을 당하지는 않았지만 최대의 전투에서 패배의 서막을 장식한 것이다.

일본군 역사상 가장 큰 패배를 부른 '임팔 작전'

일본의 '임팔(Imphal) 작전'도 그 중 하나다. 임팔은 북동인도 마니푸르주의 주도인데, 당시 연합군의 병참기지였다. 일본군은 임팔에 주둔한 연합군을 공격하기 위해 1944년 3월 버마(현 미얀마)에서 인도 임팔까지 지름길인 산악 밀림지대를 통과하기로 결정한다. 성공을 한다면 많은 시간을 절약

콜롬버스가 처음 도착하여 중남미 도미니카 공화국에 만든 총독부 건물 맞은편에 앉아 차를 마셨다. 멀리 보이는 콜로세움건물이 총독부 건물이다.

할 수 있을 뿐만 아니라 일거에 전황을 바꿀 수 있기 때문이었다.

하지만 400킬로미터가 넘는 열대 밀림지역을 10만 명의 병력이 무기와 함께 이동한다는 것은 사실상 불가능하다. 일본 군부는 많은 반대를 무릅쓰고 이를 감행했다.

결국 일본군은 연합군의 전략에 밀려 후퇴하게 되는데, 버마의 스콜과 이로 인한 진탕, 후곤 계곡과 험준한 아라칸 산맥은 인간이 극복할 수 없는 자연이었다.

코히마와 임팔에서의 패배는 그 때까지 일본군 역사상 가장 큰 패배였다. 일본군 사망자의 대부분은 철수하면서 생긴 기아 · 질병 · 탈진이 원인이다.

태평양전쟁에서 가장 무모하다고 불렸던 이 임팔 작전에는 일본군 3개 사단 9만2000명이 동원되어 4주 식량을 가지고 3개월을 싸웠고 살아 돌아온 사람은 2만여 명이었다.

전사자가 3만 명이고 아사자가 4만 명이니 그 참혹함이 상상을 초월한다. 살아남은 군인들은 죽은 동료들의 인육을 먹으며 견디었다. 퇴로에는 일본군의 시체가 겹겹이 쌓여 있어 '백골가도(白骨街道)'라고 불렸다.

광기어린 이 전쟁을 지휘한 사람은 무타구치 렌야 중장이었다. 여기에서 우리는 지휘관의 아집과 무능을 본다. 패배를 예상하면서 왜 이런 전투를 벌였는가? "무능한 지휘관은 용맹한 적군보다 무섭다"는 말이 있다. 일본군은 아무도 임팔에 도착하지 못하고 패배했다.

임진왜란과 한국전쟁에서 잘못된 리더의 결정

임진왜란 당시 조선 제일의 장군 신립(申砬)은 천혜의 요새인 조령(문경새재)을 버리고 충주 탄금대에 배수진을 쳤다. 수초(水草)가 있고 논밭이 많아 말을 달리거나 사람이 움직이기 불편한 장소다. 상대는 조총을 가지 왜병인데 평지에서 싸운다는 것은 불가한 일이다.

결국 조선군은 제대로 된 싸움 한 번 못해보고 퇴로가 없는 배수진 때문에 강물 속으로 뛰어들어야 했다. 만약 나는 새도 넘지 못한다는 조령에서 방어선을 구축했다면 왜병은 조령을 넘지 못했을 수도 있다.

서애 류성룡은 징비록에서 "장수가 병법을 모르면 그 나라를 가져다 적에게 준 것과 동일하다"고 했다. 임진왜란 말기에 명나라 장군 이여송은 적을 쫓아 조령에 이르러 "험난하기가 이와 같은데, 조령을 지킬 줄 몰랐으니 그 장수는 모책(謀策)이 없는 사람"이라고 한탄했다.

만약 그런 판단의 실수가 아니었더라면 임진왜란은 다른 양상으로 바뀌었을지도 모른다.

세월이 흘러 한국전쟁 당시에도 비슷한 사례가 생겼다. 당시 육군참모 총장이던 채병덕 장군은 개전 이후 파죽지세인 북한군을 한강이 아닌 의정 부에서 사수한다는 작전으로 적을 방어했다. 만약 한강에서 방어전을 펼쳤 다면 탱크, 장갑차와 대포 등으로 무장한 북한군들이 쉽게 한강을 넘지 못 했을 것이다.

채 장군은 수많은 참모들의 건의를 묵살했고, 적이 의정부 앞에 파죽지 세로 당도했음에도 불구하고 "적을 물리치고 평양을 점령하겠다"고 이승만 대통령에게 보고했다.

결국 잘못된 리더의 결정은 한국 전쟁에서 가장 큰 손실을 입혔다. 만 약 한강을 방어선으로 삼았다면, 급박하게 낙동강까지 밀려가지 않았을 수 도 있다.

현대 기업경영에서도 리더의 판단이 중요

현대사회에서 기업경영은 전쟁과 다름없다. 리더의 잘못된 경영전략은 기업의 파산을 불러올 수 있다. 임진왜란 당시의 신립 장군이나, 한국전쟁 당시 채병덕 장군 같은 최고 경영자가 잘못된 판단으로 경영을 한다면 그 회사는 나락으로 떨어질 것이다.

필자가 20여 년 이상 회사를 경영하면서 항상 고민스러운 대목은 '나의 경영적 판단이 옳은가' 하는 점이다. 나의 판단이 틀린다면 회사의 미래도 보장할 수 없기 때문이다.

임진왜란 때 한양에 있는 궁궐을 불태운 것은 왜적이 아니라 조선의 백

성들이었다. 회사가 어려워지는 것도 외부의 상황보다 내부의 문제에서 더 많은 이유를 찾을 수 있다.

'포름부절(庖廩不絕)'이라는 말이 있다. 생각을 끊임없이 조직하고 단련하라는 뜻이다. 포름(庖廩)은 고기와 쌀을 말하는데, 우리가 매일 신체를 위하여 밥과 고기를 먹듯이 자주 많은 소통을 하라는 말이다. 소통이 없으면 위기가 찾아온다. 정치를 하든 경영을 하든 그 차이는 없다.

기업경영은 때로 앞으로 과감히 나아가야 할 시기도 있지만 절제(Self-Control)를 필요로 할 때도 있다. 노자는 도덕경에서 '군자(경영자)는 지지지지(知止止止) 할 줄 알아야 한다'고 했다. 그칠 때를 알아서 그쳐야 한다는 말이다. 족함을 알고 멈출 때를 알면 해롭지 않다는 의미이다. 그치지(절제) 못하면 나락으로 갈 수밖에 없다.

전쟁이나 경영이나 리더는 매우 중요한 요소이다. 잘못된 판단은 되돌릴 수 없기 때문이다.

12

음주 문화

성경 창세기에 대홍수가 끝난 후 노아가 포도농사를 짓고 포도주를 마셨다는 이야기가 나오고, 그리스 신화에는 디오니소스가 포도재배와 양조법을 전파했다는 대목이 있다. 인류 문명의 시작과 더불어 음주가 시작된 셈이다. 알코올은 대략 BC 7000년, 그러니까 지금으로부터 약 1만 년 전에 인류가 마셨다는 근거가 발견되고 있다. 밀폐된 청동용기에 보관된 술이 중국 북부에서 발견되었는데, 4000년 이상 된 것으로 학계에서는 추정한다.

무역 분쟁 해결에도 실마리를 줄지 모르겠으나 '알코올 한 잔의 술은 재판관보다 더 빨리 분쟁을 해결한다'는 말이 있다. 고대 그리스의 극작가 에우리피데스(Euripides)의 말이다. 무역을 하다보면 분쟁도 따라오기 마련이다. 복잡한 분쟁을 해결하는 것은 냉철한 이성보다 때로 한 잔의 술일 때도 있다.

필자가 술로 분쟁을 해결한 사례는 많다. 또한 거래가 잘 이어지지 않은 바이어들과 한잔 술을 통해 서로의 마음을 풀고 거래를 성사시킨 경우도 많다. 필자의 경험상 '예(禮)'를 다하여 상대방과 마시며 자기절제가 이루어진다면' 술은 비즈니스에 큰 도움이 된다. 술도 배워야 한다는 것이 필자의 생각이다. 또한 음주는 사람의 성품을 비추는 거울이므로 상대의 인성을 파악하는 좋은 수단이기도 하다.

필자는 전 세계를 상대로 비즈니스를 하면서 자연스럽게 바이어나 협력업체 관계자들과 술을 곁들인 오찬과 만찬을 했다. 시대에 따라 마시는 술도 변화하고 품질도 다양하게 바뀌었다. 필자가 지금까지 가장 많이 마신 술은 한국 술을 제외하고는 와인이다. 그 다음은 위스키, 바이주(白酒), 맥주, 코냑, 럼, 보드카, 황주(소홍주), 사케 등이다.

술에 대한 미학은 누구에게나 있으며 필자 또한 그렇다. 술이 비즈니스의 세계로 오면, 단순한 알코올의 개념을 넘어선다. 비즈니스에서 상대방의 인격과 철학을 확인하는 기회가 된다.

'지상담병(紙上談兵)'이라는 말이 있다. 종이 위에 병법을 논한다는 말인데 즉, 이론만 능하고 실전에 약한 병통이라는 말이다. 술은 비즈니스에서 실전이다. 술에 대한 예의와 술에 대한 이해가 없다면 비즈니스 세계에선 문제가 될 수 있다.

홍콩에서 술과 함께했던 비즈니스

1993년 무렵, 필자의 첫 해외 출장지가 홍콩이었다. 그곳에서 인생 최초의 바이어를 만났다. 우락부락하게 생겼지만, 업무에 대하여서는 프로의

15년을 거래한 코스타리카 바이어들과 함께.

경지에 오른 분이었다. 그는 필자에게 많은 것을 가르쳐주고 도와주었다.

그는 특히 술에 관해서는 이미 신선의 경지에 오른 분이었다. 필자와 비즈니스 미팅을 할 때면 코르크 마개가 부서질 정도로 오래된 브랜디를 꺼내 한잔 마시며 시작하곤 했다. 미팅 후 저녁식사 자리에선 함께 소흥주(紹興酒)를 마셨다. 뜨거운 물에 술병을 넣어 온도를 적당히 올려 마시는데, 그 맛이 대단했다. 그는 술을 마시면서 가격을 흥정하고 정보를 열심히 수집했다. 대단한 열정과 낭만을 가진 바이어였다.

세월이 흘러 필자가 중국에 공장을 세우려 전국을 다니다가 멈추어 중국 법인을 시작한 곳이 소흥(Shaoxing)이었고, 지금까지 이곳에서 회사를 운영하고 있다. 이제는 현지 지역민이 됐다. 소흥주를 만드는 사장들과 막역한 친구가 되었고, 소흥주 소믈리에(sommelier) 경지에 이르렀다.

1990년대 초반과 중반 홍콩은 경기가 활화산처럼 좋았다. 중국의 중계무역항으로서의 역할과 세계의 무역 중심지로서 대단한 번성을 누리고 있었다. 대다수 홍콩 무역업자들이 많은 부를 이룬 시기였다. 당시 홍콩 바이어를 만나면 그들은 필자에게 항상 최상급 코냑과 저녁을 준비했고, 식사 후에는 최고급 벤츠로 호텔까지 배웅하여 주었다. 코냑은 귀하고 비싼 술이었고 홍콩에서 상류층 신분의 표시였다.

그런데 1997년 홍콩의 주권반환 이후 정치적 변화와 더불어 와인이 물밀 듯 들어왔다. 많은 바이어들이 열풍처럼 와인을 마시기 시작했다. 그런데 와인 마시는 것이 독특했다. 생맥주잔에 와인 두 병을 붓고, 스프라이트(사이다 종류) 2병과 얼음, 레몬 몇 조각을 넣어 섞어 마시는 것이었다. 매우 달콤하고 술술 잘도 넘어갔다. 잊지 못할 와인 칵테일(?)이다. 고급 와인을 사이다와 마시다니, 지금 생각하면 와인에 대한 예의가 없었던 것 같고, 너무 아깝다. 우리나라 사람들이 고급 위스키에 맥주를 섞어 마시는 것

과테말라 바이어와 상담을 끝낸 후 럼주를 마시며 우의를 다지고 있다.

과 마찬가지일 것이다.

2020년대 중국에서는 규모가 큰 회사들이 전 세계 최고의 와이너리에서 와인을 직접 수입하여 손님들이 오면 대접을 하는 것이 하나의 유행처럼 번지고 있다. 최근 중국의 음주문화는 3가지로 분류되는 것 같다. 일반대중들과 젊은이들은 주로 맥주를 마시며, 상류층들은 와인이 대세이다. 동북3성이나 중서부 지역에서는 여전히 바이주가 주류다.

한국과 중국의 음주 문화 차이는 한 가지로 귀결된다. 중국인들은 술은 많이 마시지만 대취하거나 술 마시면서 싸움을 하지 않는다. 또한 거리에서 타인들에게 피해를 입히는 사례가 거의 없다. 밤을 새워 술 마시는 경우도 없다. 밤 11시경이면 무조건 자리에 일어나 귀가한다.

중남미와 아프리카의 음주 문화

중남미에서는 저녁시간이 매우 길다. 중요한 파티의 시작은 저녁 9시경인데 새벽 3시까지 이어지기도 한다. 파티의 중요도나 초대하는 손님의 경중에 따라 다른데, 시간이 길어지면 환대를 하는 것으로 보면 된다.

필자가 출장을 가면 친한 바이어들은 20여 명 정도의 인원을 모아 성대한 파티를 열어준다. 순수한 마음이겠지만 과시를 좋아하는 그들에게는 좋은 행사이기도 하다. 중앙아메리카에서는 음악과 춤이 많아 여기에 익숙하지 않은 필자로선 항상 괴롭지만, 남아메리카 지역의 파티는 바비큐와 와인을 동반한 식사가 대부분이어서 편하게 시간을 보낼 수 있다.

아프리카에서도 파티 문화가 있다. 경제력이 두둑한 바이어들은 고급호텔에 초대하여 만찬을 즐기는 경우가 많다. 반대의 경우에는 집으로 초대를 하여 현지음식을 대접한다. 아프리카 음식은 먹기가 힘들어 어려움을 겪지만, 호텔에서는 서양식 음식이 일반적이라 그나마 다행이었다. 여하튼 파티나 만찬에 초대를 받는 것은 거래관계에 있어서 좋은 징조다.

필자가 가장 맛있게 마셨던 술은 '럼'이다. 과테말라 출장 중에 맛을 본 과테말라산 자카파(Zacapa23)다. 풍미와 맛의 깊이가 좋고 가격도 매우 우수하다. 병의 허리에는 일일이 현지인들이 손으로 만든 야자수 밴딩(Banding)이 되어 있어 쉽게 구분이 된다. 더 좋은 것은 숙취가 거의 없다는 것이다.

그 다음으로는 러시아, 몽골, 카자흐스탄 등에서 생산하는, 면세점에서는 판매가 되지 않은 보드카들이다. 보드카를 추운 겨울에 일주일 정도 얼리거나 냉동고에 보관하여 슬러지 상태가 되었을 때 마시면 그 맛 또한 일품이다.

현재 필자가 좋아하는 술은 단연코 와인이다. 1993년 홍콩 바이어들과 식사하면서 와인을 배웠는데, 중남미를 다니면서 이해도를 완성하게 되었다. 30여 년 동안 마시다 보니 와인 라벨만 보고도 대략 맛이 있는지 없는지 구분할 수 있다. 최근에는 아르헨티나, 칠레, 미국산 와인을 즐긴다. 가격도 저렴하고 품질도 우수하다. 유럽산 중에서는 이탈리아산이나 스페인산을 주로 마신다. 가성비가 매우 좋다.

바이어를 초대할 경우 와인을 접대

외국에서는 바이어를 식사 자리에 초대할 경우 필히 좋은 와인을 준비한다. 만약 와인을 잘 몰라, 혹은 비용을 이유로 저렴한 와인을 선택했고 맛이 형편없다면 그 날 초대의 의미는 퇴색될 수밖에 없다. 그러나 좋은 와인을 준비했다면 바이어는 매우 만족할 것이고 그 만족감은 거래에도 지대한 영향을 미치게 된다. 그러므로 가능한 술에 대한 공부도 필요하다.

한국인 지인 중에 본인이 술을 마시지 않는다고 식사자리에 와인 한 병 없이 바이어와 식사하는 것을 보고 안타까움을 느낀 적이 있다. 상대의 취향은 고려하지도 않고 어떻게 글로벌 비즈니스를 할 수 있겠는가.

탈무드에 '술 마시는 시간을 낭비하는 시간이라고 생각하지 말라. 그 시간에 당신의 마음은 쉬고 있다'라는 말이 있다. 술을 잘 다루면 건강에도 좋다. 다만 술은 마음이 풍성한 사람에게는 보약이지만 술로써 이익을 취하려 하는 사람에게는 독이 될 수도 있다. 술은 술이므로 그 가치를 잘 향유하는 것이 좋다.

수출인문학

지구 **60**바퀴를 돌며 발로 뛴
글로벌 비즈니스 비망록

제**4**부

뒤집어 본 무역이론

01

뒤집어 생각해 본 수출대금 결제 방법

수출 기업들은 대금을 안전하게 회수하기 위해 다양한 결제방식을 사용한다. 하지만 모든 무역대금 결제에는 항상 위험이 존재한다. 필자는 오랜 기간 수많은 거래를 통해 그 위험들을 직접 경험했다. 그리고 나름 위험을 최소화하는 방법도 연구했다.

아마 무역 교과서에서 본 이론과는 괴리가 있겠지만, 몇몇 거래 방식에 대해서는 독자들이 그 위험을 알았으면 한다. 또 우리가 위험하다고 생각한(배운) 거래 방식이 실제론 위험에 노출되지 않을 수도 있다는 점도 알리고 싶다.

우선 무역거래에서 한때 가장 널리 사용됐고, 아카데미에서 무역을 배운 사람이라면 누구나 알고 있는 신용장의 안전성에 대하여 언급하고자 한다.

신용장이 항상 안전한 것은 아니다

과연 신용장은 안전한가? 수출 실무자들이나 경영자들이 신용장을 선호하는 것은 일반적이다. 그러나 신용장의 취약성에 대하여서는 잘 이해를 하지 못하는 경우가 있다. 책이나 아카데미에서 신용장의 약점이나 위험성을 깊게 설명하여 주는 것은 드물기 때문일 것이다. 예들 들면 자본금이 취약한 수출회사들의 경우 신용장 거래로 인해 문을 닫을 수도 있다는 점 같은 것 말이다.

신용장을 받아서 클린네고(CLEAN NEGO)만 하면 만사형통이라는 생각을 하는 회사들은 큰 문제가 아닐 수 없다. 무역거래 시 실재할 수 있는 상황을 이해하지 못하기 때문이다. 필자는 그런 경우를 많이 보아왔다. 문제가 발생한 후 필자에게 전화해 해결방법을 문의했던 업체들이 한국이나 중국에 많이 있다.

한 명의 도둑을 막기 위해 수백 명의 경찰이 지키고 있어도, 이를 막기에는 불가능할 때가 있는 법이다. 그러한 문제점들을 피하기 위해서는 수많은 실무적인 이론서를 탐독하여 방어하는 것도 좋지만, 현실에서 발생하는 위험을 어떻게 피할 것인지 실무적인 방법을 모색하는 것이 중요하다.

신용장에 대한 오해와 문제점들

신용장이 가지고 있는 문제점과 오해는 다음과 같다.

첫째, '신용장을 받으면 안전하게 거래를 할 수 있다'는 명제다. 신용장은 기본적으로 안전하고 수출입 거래 시 유용한 방법임에는 분명하다. 하지만, 상대방이 지불을 거절하는 경우에는 얘기가 달라진다.

페루 바이어들과 함께(2007). 아버지와 아들, 삼촌이 공동 경영하는 회사다.

바이어가 신용장을 개설할 때 개설은행에서는 철저히 대금 지급에 대한 안전판을 강구하여 개설을 하는 경우가 대부분이다.

그러나 안전판이 종종 역할을 하지 못하는 경우가 발생한다. 시장 상황의 급격한 변동이나 개설은행 국가의 문제 등으로 인하여 바이어가 개설은행에 대금을 지불하지 않을(못할) 경우다. 이때 수익자인 수출자는 이미 네고를 하였더라도 네고은행에서 수령한 외환 금액을 돌려주어야 한다.

이런 경우는 종종 발생한다. 특히 아시아 일부 국가나 아프리카 지역에서는 신용장 인수를 하지 않거나 몇 달간 유보했다 인수하는 경우가 발생하는데, 유보하면 그 기일만큼 네고은행에 이자를 지불해야 한다.

둘째, '클린네고를 하면 은행이 모두 책임을 진다'이다. 필자가 현장에서 가장 혼란을 느꼈던 부분이다. 아마 많은 무역실무자 역시 혼란 속에 이에 대해 속 시원히 답해주는 이가 없어 답답할 것이다. 실제로는 클린네고를 하여도 법률적으로 바이어가 개설은행에 대금지불을 하지 않는다면 수출자는 네고은행(매입은행)에 매입한 금액을 돌려주어야 한다.

가장 큰 이유는 환어음 규정 때문이다. 환어음 규정에 의하면 환어음은 발행인이 지급인에 대하여 수령인에게 일정 금액을 지급할 것을 위탁하는 유가증권이다. 어음상의 지급인은 발행인으로부터 단순히 지급을 위탁 받고 있는 것에 불과하므로 당연히 어음금액을 지급하여야 할 어음상의 채무를 부담하는 것은 아니다. 그리고 수령인도 지급인에게 지급의 기대권은 가지고 있으나 그 지급이 거절되면 발행인에게 은행은 상환청구권을 행사할 수 있을 뿐이다. 일명 소구권(遡求權)이라고도 한다.

그러므로 선적서류와 환어음을 보고 네고은행에서 매입하였지만, 개설은행에서 바이어 미결제가 발생하면 수출자는 네고은행에서 받은 대금을 되돌려 주어야 한다는 것에 유의해야 한다. 이러한 시스템을 이해하지 못한 많은 수출 초보기업들은 신용장 네고 이후 바이어의 미지불로 인하여 자금 압박을 받게 된다. 심하면 부도까지 간다. 결국 클린 네고는 필요하지만 그것이 수출이행의 마무리는 아니며, 신용장 클린네고 후에 은행이 모든 책임을 진다는 것은 잘못된 것이다. 바이어가 개설은행에 대금 지불을 끝내야 수출자들이 안심할 수 있는 것이다.

셋째, '신용장을 개설한 바이어들은 통상 신용이 좋다'는 고정관념이다. 신용장의 경우 국가의 신용도보다는 바이어들의 신용도가 더 중요한 경우가 많다. 선진국이라고 하여 신용장이 안전하다는 것은 잘못된 생각이다. 오히려 사기성 신용장은 선진국에서 많이 발생하기도 한다. 그러므로 국가의 신용도만 생각하지 말고, 바이어의 신용도에 집중하는 것이 좋다.

넷째, '수입할 때도 신용장을 개설하면 안전하다'는 인식이다. 수입의 경우도 수출의 경우와 매우 비슷하다. 장단점이 모두 존재한다.

신용장을 사용하게 되면 수출자로서는 안전하게 대금을 받을 수 있지만, 수입자 입장에서 보면 단지 매입은행에서 서류가 일치하면 매입을 하게 되므로 그 결과가 수입제품의 품질이 좋다는 것과는 관련성이 없다. 그러므로 수입 시에는 선적 시 정확한 상품이 선적되도록 다양한 방법을 강구하여야 한다.

결국 신용장을 정확히 이해하고 이행하는 것은 매우 중요한 요소이다. 실무적으로 신용장이 도착한 후에는 따로 신용장을 해석하여 필요한 회사 내 각 부서로 전달해 바이어의 요구에 정확히 이행해야 한다.

D/A와 D/P는 불안한 거래라는 오해

'D/A와 D/P는 불안한 거래'라는 인식도 틀렸다. 한국에서 수출하는 대다수 회사들은 D/A와 D/P에 대하여 많이 꺼린다. 이 방식은 아시아 국가 수출자들에게 선호하는 거래 방식이 아니며 위험한 거래라고 널리 인식되어 있다. 또한 금융기관에서도 신용장이나 T/T가 아니면 선호하지 않는 경향이 있다. 그리고 자금 상황에 따라 거래가 불가능할 때도 있어 꺼리는 경우가 있다.

D/A와 D/P는 장단점을 잘 살펴볼 필요가 있다. 장점은 첫째, D/A와 D/P 거래는 담보력이 없는 바이어들이 선호하는 거래이므로 중남미와 아프리카에서는 중요한 거래의 수단이라는 점이다. 신용장 거래가 어려운 이유는 은행에 대해 담보력이 없기 때문이다.

따라서 이 나라 바이어들에게 신용장을 고집하면 거래가 잘 이루어지지 않는다.

둘째, 바이어가 결제해야 물건을 인수할 수 있으며 개설은행에 수입대금만큼의 담보를 제공해야 물건을 찾아갈 수 있으므로 물건만 주고 돈을 못받는 위험을 해결할 수 있다.

셋째, 경쟁국인 중국, 일본, 대만, 인도 등의 수출업체들이 선호하지 않는 거래방식이므로 차별적이며 거래를 성사시킬 가능성이 높아진다. 또 추가적인 경쟁력 강화에 도움이 된다.

단점도 있다. 우선, 대금 회수가 매우 늦다는 점이다. 둘째는 바이어의 시장 상황이 좋지 않아 서류인수를 하지 않으면 위험에 노출되며 셋째는 수출보험을 가능한 부보해야 하므로 추가 비용이 든다는 점이다. 넷째는 D/A 거래를 하게 되면 금융비용이 상승할 수 있다는 점이다.

무역 실전거래에서 안전한 거래란 현실적으로 존재하지 않는다. 따라서 바이어의 신용상태를 잘 점검하고 준비한다면 D/A, D/P도 바이어를 획득하는 데 좋은 거래 방법이 될 수 있을 것이다.

아프리카에서는 보편적인 CAD

'CAD는 이상한 대금결제'라는 인식도 바뀌어야 한다. CAD(CASH AGAINST DOCUMENTS, 서류상환방식)는 D/P 거래와 유사하다. CAD는 소규모 거래에 많이 사용하는 거래 방식인데, 아프리카에서는 소규모 거래가 아닌 큰 규모의 거래에서도 널리 확산되는 추세다. CAD의 변종이지만 엄연한 국제금융거래 방식이다.

이런 거래 제의가 오면 사기가 아닌가 의심이 생기지만, 아프리카에서 CAD는 널리 퍼진 거래 방법 중 하나다. L/C, D/A, D/P 등의 방식으로 거래하려면 은행에 담보를 제공하거나 현금 유동성이 좋아야 하는데 아프리카에서는 불가능한 상황이므로 이런 문제를 적절히 해결하면서 수입자에게 부담을 덜 주는 CAD가 많이 행해지는 것이다.

CAD와 D/P의 차이점은 첫째, CAD는 추심을 하기 위해 은행을 이용하지만 환어음을 발행하지 않는다. 둘째, CAD 거래 시 은행은 심부름꾼 역할만 하며, 일체의 책임을 지지 않는다. 셋째, D/P 거래 시에는 선적서류가 도착하면 바이어는 즉시 서류인수의 의무가 있지만, CAD 거래 시에는 서류인수를 하지 않아도 은행과 바이어 사이에는 문제가 없다. CAD 거래 시 단점은 신용이 좋지 않은 바이어와의 거래 시 대금 미지급의 위험이 따른다는 점이다. 장점으로는 아프리카 등 신용장이나 T/T 등 구매자금의 여력이 없는 바이어들이 쉽게 거래를 시작할 수 있다는 점이다. 그러므로 아프리카 시장에 진출하려는 기업들이 필히 알아야 하는 거래 방식이다.

02

외상거래(CREDIT TRANSACTION)라는 무기

　해외 바이어에게 외상(CREDIT)을 준다는 것에 대하여 많은 수출업자들은 부정적이다.

　외상거래(CREDIT TRANSACTION)로 마치 큰일이라도 발생할 것처럼 걱정한다. 그러나 오해가 있다. 외상거래라도 안전하게 이행한다면 좋은 결과로 귀결될 수 있다.

　바이어를 만나 수출 상담을 하다 보면 외상을 달라는 바이어가 존재한다. 수출업자는 딜레마에 빠진다. 외상을 주자니 위험요소가 있고, 거절하자니 오더를 받을 기회를 놓치게 된다.

　회사마다 사정이 다르고 나름의 전략이 존재하겠지만, 외상거래를 무조건 위험하다고 회피하는 것은 좋은 결정이라고 생각하지 않는다. 수출 전선에서는 더 그렇다.

인상 좋은 페루 바이어 부부. 그러나 필자는 3년 동안 대금을 받지 못해 고생했다. 현재는 다시 좋은 친구로 지낸다. 상황이 좋지 않을 때에는 누구나 곤경에 처할 수 있다.(2013년)

수출 매출의 80% 정도가 외상거래

필자의 회사는 무모하리만큼 외상거래를 많이 하고 있다. 처음부터 외상거래에 나선 것은 아니었다. 하지만 2008년 이후 충분한 자금력을 확보한 후에는 과감한 방법으로 마케팅에 활용하고 있다. 수출 매출의 80% 정도가 외상거래다. 신흥시장인 아프리카나 중남미뿐만 아니라 아시아, 북미 바이어 등 지역에 관계없이 시행하고 있다. 이 가운데 신흥시장은 매우 위험한 시장임에는 부인할 수 없으나, 외상거래가 회사에 주는 이점이 매우 많다고 생각한다.

바이어 입장에서는 동일한 가격과 품질이라면 결제조건을 유연하게 처리하여 주는 공급업체를 선호할 수밖에 없다. 특히 코로나19 팬데믹으로 시장이 최악인 상황에서는 신용거래가 큰 효과를 가져다준다. 환율로 인한 수입대금 증가와 판매 부진 등으로 자금 운용능력이 떨어지는 상황에서 60일이나 90일 정도의 외상거래가 바이어에게 구매를 촉발하게 만드는 것이다.

물론 가격을 할인하여 주는 것도 바이어의 마음을 사로잡는 좋은 방법이다. 하지만 가격 할인은 자칫 셀러의 수익성을 악화시킬 위험이 있고, 경쟁업체의 더 싼 가격 제시에 밀릴 가능성도 있다. 바이어 입장에서 보면 자금 면에서 운신의 폭을 넓게 해주는 쪽이 더 매력적일 수 있는데, 외상거래가 매우 달콤할 것이다.

필자의 회사는 코로나19로 인한 매출손실이 거의 없다. 다른 경쟁업체들이 자금경색을 겪으며 바이어의 니즈(NEEDS)인 외상거래에 대응하지 못한 상황이므로, 오히려 신규 바이어를 찾는 것이 더욱 쉬운 상황이 되었다.

물론 이때 수출대금을 받지 못하는 위험을 헤지(HEDGE)하는 것은 매우 중요한 일이다. 필자는 수출보험을 이용한다. 수출보험이 완벽할 수는 없지만 대금 미회수 위험을 어느 정도, 경우에 따라 충분히, 막아 준다.

필자가 외상거래라는 무기를 들고 적극적으로 공략한 시장은 아프리카다. 아프리카가 매우 위험한 시장인 것은 맞지만 이곳에는 이미 자리를 잡은, 중국과 인도에서 온 경쟁자들이 있다. 이들과 가격으로 싸워 이긴다는 것은 불가능하다. 이 경쟁자들에게 없는 신무기가 바로 외상거래다.

경쟁자 물리치고 시장지배력 강화한 비결

외상거래가 아프리카 시장에서 성능 좋은 무기인 것은 틀림없었으나 첫 발에 경쟁자들이 모두 쓰러진 것은 아니었다. 처음에 '45일'을 주었으나 시장 장악력이 부족했다.

이후 '60일'을 주었지만 여전히 효과가 기대에 못 미쳤다. 마침내 '90일짜리' 신용을 주자 거래 물량이 크게 증가하고 시장에서 주목을 받기 시작했다. 내친김에 '120일'이라는 다소 장기간의 외상거래를 제공했다. 결과는 상상 이상이었다. 시장지배력이 강화됐고 독보적 1위를 유지하는 데 어려움이 없었다. 소요 자금이 많아 자금회전에 대한 스트레스는 있었으나 외상거래를 통하여 독과점적 지위를 확보하고 이윤 증가도 도모하게 되었으니, 매우 유익했다.

새로운 시장에 진입할 때에는 강력한 무기가 필요하다. 맨손으로 싸울수는 없기 때문이다. 가격이든, 품질이든, 외상거래든, 영업력이든, 브랜드이든 시장을 현혹할 만한 무기가 있어야 노력한 만큼 결과가 나온다. 이런 제반 조건들이 없는 상황에서 수출 성공을 이뤄내기는 불가능하다. 특히 중소기업들은 모든 게 어렵다.

필자의 회사도 이러한 상황을 만들기 위하여 10여 년의 시간을 들여 충분한 자금을 준비했는데, 매우 주효한 방법이었다고 자평한다. 비록 중소기업일지라도 나름의 강력한 무기는 꼭 필요하다.

외상거래 위험을 회피하는 여러 방법

해외 바이어들과 신용거래를 하려면 여러 위험이 따르는데 위험을 회피하기 위한 다양한 방법이 있다.

첫째, 수출보험에 가입하는 것이다. 신용거래의 결정적 위험은 대금을 못 받는 것인데, 이를 해결할 가장 쉽고, 효과적이며 안전한 방법이다. 비용이 들지만 정부나 지방자치단체, 무역유관기관에서 지원해 주므로 이를 활용하면 부담을 없애거나 줄일 수 있다. 가입기업들은 단지 면책조항에 대한 이해와 학습이 필요하다.

둘째, 신용장(L/C)을 이용하여 외상거래(AFTER SIGHT)를 유도하는 방법이다. 매우 유용한 방법이지만, 신용장 발급이 불가능한 바이어들에게는 시행할 수 없다는 단점이 있다. 또한 자금력이 부족한 바이어 대다수는 신용장 거래를 꺼린다는 점도 약점이다. 비용 측면에서 외상일수에 대한 이자는 대개 바이어가 지불하지만, 한국의 금리가 타국보다는 대개 저렴하므로 수출자가 지불하여도 그 비용은 크지 않아 부담이 되지 않는다.

셋째, D/A(인수도조건)를 활용하는 방법이다. 수출자가 발행하는 화환어음의 인수만으로 선적서류를 내주는 것으로 수입자가 은행에서 화환어음의 제시를 받았을 때 대금을 지불하지 않아도, 단지 인수하는 것만으로 화물인환증이나 선적서류의 인도를 받을 수가 있으며 만기에 어음대금을 지불한다. 리스크가 크지 않다는 장점이 있다.

넷째, CAD(서류상환인도 조건)를 활용하는 방법이다. 선하증권 · 상업송장 등의 운송서류를 인도하면서 동시에 현금결제가 이루어지는 방식이다. 은행의 책임과는 무관하므로 바이어의 입장에서는 가장 손쉽고 좋은 거래 방법이지만, 수출자 입장에선 바이어가 언제 물건을 인수할지 모른다는 한계점도 있다.

다섯째, 담보제공을 요구하는 방법이다. 쉽지 않은 방법이지만 최악의 상황에서는 생각해 볼 수 있는 조건이다.

바이어에게 신용을 공여하여 거래하게 되면 여러 장점들이 있다. 첫째, 장기거래가 이루어진다는 점이다. 외상거래의 매력은 장기적인 거래 가능성을 높이는 매우 중요한 매개체라는 점이다. 바이어가 외상거래를 갑작스레 중단하고 다른 공급업체로 바꾼다는 것은 현실적으로 쉽지 않기 때문이다. 가장 큰 장점으로 꼽히는 이유다.

둘째, 이윤이 증가하게 되는 경우가 많다. 외상거래를 하게 되면 수입자는 협상력을 상실하게 되므로 수출자는 좋은 가격을 받을 수 있다.

셋째, 수출자 입장에서 주도적인 거래가 이루어질 수 있다는 점이다. 수출자에 의해 가격 결정이 이루어질 수 있으므로 제품개발과 마케팅 등에 관여하며 주도적인 거래가 가능하다.

넷째, 자금 사정 때문에 외상거래를 하던 바이어가 차후 역량 있는 바이어로 성장한다면 그 수혜를 받을 수 있다. 많지는 않지만 그런 상황에 이르는 경우도 있다. 서로 좋은 결과를 얻기 위해 좋은 협력관계를 유지한다면 충분히 기대할 수 있다.

다섯째, 경쟁자가 감소하게 된다. 외상거래의 특성상 다른 경쟁자가 바이어에게 동일한 외상거래를 할 수 없을 경우에는 거래가 성립할 수 없으므로 경쟁자가 감소하게 된다.

국제무역에서 위험은 항상 존재

필자가 경험한 바로는 모든 시장에서 외상거래는 경기가 하강할수록 요구가 높아지며 중요해진다. 최소한 운송기일 정도는 신용을 요청하는 경우가 많은데, 정확한 거래가 되도록 철저한 계약서가 필요하며, 계약이 되면 어떤 상황이라도 이행을 하는 것이 위험을 줄인다. 예를 들면 T/T 거래를 할 때 잔금을 받은 후 선하증권(B/L)을 양도하기로 하였으면 어떤 상황이 오더라도 그렇게 하여야 한다. 대금을 받지 못한 상황에서 선하증권을 미리 양도하면 미수금이 발생할 수 있기 때문이다.

국제무역에서 위험은 항상 존재한다는 것을 명심하여야 한다. 외상거래에서 가장 중요한 것은 위험을 예측하고 정확한 대안을 가지고 업무를 이행하는 것이다. 아무 대비나 의식 없이 외상거래를 하는 것은 회사를 수렁에 빠트릴 수 있기 때문이다. 외상거래는 그렇게 위험한 것만은 아니지만, 필수적인 안전장치를 항상 확보하고 있어야 그 장점을 제대로 누릴 수 있다.

03

운송조건과 중재조항에 대한 소고(小考)

지난 호에 실었던 '뒤집어 생각해 본 수출대금 결제 방법'에서 필자는 우리가 교과서를 통해 이론으로만 배웠던 결제조건들이 현실 세계에서 '그렇지 않을 수도 있다'는 사례를 소개했다. 이번 호에서는 운송조건과 중재조항에 대해서도 우리가 알고 있던 무역상식이 현실에서 배치되는 사례를 소개하고자 한다.

수출자에게 CIF보다 FOB가 유리하다

과수출계약에서 무역거래조건 중 가장 많이 사용하는 운송조건은 CIF와 FOB일 것이다. CIF(Cost, Insurance and Freight)는 '수출업자가 화물을 선적하고 운임과 보험료를 부담하는 무역거래조건'이고, FOB(Free On

Board)는 '계약상품의 인도가 수출항의 본선선상에서 이루어지는 무역거래 조건'으로 바이어가 운임과 보험료를 부담하게 된다.

보통 우리는 CIF보다 FOB 조건이 수출자에게 유리하다고 알고 있다. 수출품을 배에 싣기만 하면, 운임과 보험료는 물론 예기치 못한 위험도 모두 바이어가 부담하기 때문이다. 하지만 언제나 그런 것은 아니다. 지역이나 바이어에 따라 두 가지 운송조건을 잘 활용할 필요가 있다. 이는 단지 운송비 지불 여부 때문이 아니다.

일반적으로 CIF 조건에서는 수출자가 운송업자 지정 등 운송에 대한 옵션을 가지고 있고 FOB 조건에서는 수입자가 이 옵션을 가지고 있다. 그러므로 아래 사항을 살펴보고 조건을 결정하는 것이 유리하다.

수출자에게 CIF 조건이 유리한 경우는 다음과 같다.

첫째, 선적기일을 맞추지 못하는 상황이 빈번하게 발생하는 경우다. 그 이유는 예정된 날짜에 생산을 맞추지 못해 선적일을 연기해야 할 때 일일이 바이어에게 딜레이 된 상황을 설명하고 다시 적합한 날짜를 잡아 선적해야 하기 때문이다. 이런 상황들을 바이어가 모두 알게 되면 수출자에 대한 바이어의 신뢰가 허물어질 수 있다. 만약 CIF로 진행한다면, 수출자 입장에서 그런 불편을 줄일 수 있고, 다양한 기술(?)로 날짜를 맞출 수 있어 신용도 유지에 도움이 될 수 있다.

둘째, 신용장 조건으로 거래할 때, 선적서류를 더 이른 시점에 받을 수 있다. 그러므로 자금 경색이 발생할 때 은행 네고(NEGO) 시점이 중요한데, 이러한 상황에서는 CIF가 절대적으로 유리할 수 있다. FOB 조건일 때에는 바이어가 선사를 지정하는데, 이 경우 선사가 모든 면에서 까다롭게 업무를 하므로 서류를 빨리 받기도 힘들고 좋은 서비스를 기대하기도 힘들다.

셋째, 운송요금이 저렴한 지역일 때에는 CIF를 제시하면 바이어에게 좋은 가격의 이미지를 심어줄 수 있다.

기본적으로 수출자에게는 FOB 조건이 유리하지만, 특히 유리한 경우는 다음과 같다.

첫째, 운송요금이 과다하게 높은 지역으로 수출할 때다. 이 경우 FOB 조건으로 수출 부대비용을 줄일 수 있다.

둘째, 수출품 가격이 낮을 때다. 이때도 FOB를 이용하는 것이 절대적으로 안전하다. 만약 20ft 컨테이너 수출 총금액이 미화 7000달러로 낮은데, 머나먼 중남미나 아프리카 지역으로 수출한다면 운송비가 3000~7000달러에 달하는 경우가 생기는데, 이 경우 필히 FOB 조건을 사용하여 위험을 분산하는 것이 유리하다.

셋째, 운송비가 불안정한 지역으로 수출하는 경우다. 운송비 변화가 심해 계약 당시에는 운송비가 저렴했는데, 불과 몇 달 만에 두 배 상승하는 지역으로 수출하고자 할 때에는 가능한 한 FOB 조건으로 하는 것이 좋다.

필자가 이렇게 운송비에 대해 언급하는 것은 코로나19와 글로벌 물류대란 이후에 과도한 운송비로 인해 모든 수출입기업들이 곤혹스러운 상황이 되었기 때문이다. 한국에서 중남미로 수출할 때 운송비는 과거 3500달러에서 최고 1만3000달러까지 올랐고, 미국 서안으로 가는 해상운임은 2500달러에서 1만2000달러까지 인상됐다. 앞으로 어떻게 진행될지는 아무도 모르는 상황이지만, 과다한 운송료로 인해 수출을 포기한 사례도 여럿 생긴만큼 운송료에 대해 신경 쓰지 않을 수 없게 된 것이다.

필자의 경우 특별한 상황을 제외하고는 모두 한 번 이상 해외 출장을 통해 상대 바이어를 점검한 후 거래한다. 콜롬비아 보고타에 있는 바이어 사무실에서 미팅 후 포즈를 취했다.(2016년)

중재조항을 넣는 것이 안전하다

아마 대부분의 무역인들은 수출계약서에 중재조항(Arbitration)을 넣는 것이 필수라고 배웠을 것이다. 매우 지당한 말씀이다.

하지만 실질적인 거래에서는 한 번 더 충분히 고려해야 할 경우도 있다. 30여 년 동안 수출입을 해온 필자는 수입자의 입장이 되었을 때, 수출자가 중재조항을 계약서에 넣으면 거래하고 싶은 마음이 들지 않는다.

비록 그것이 무역거래의 기본 요소일지라도 상대방을 더 의심하게 됐다. 특히 신용장 거래에서 상대 수출자가 중재조항을 계약서에 넣자고 하면 수입할 상품에 대한 걱정이 앞서게 된다. 아마 이런 경험을 가진 사람들이 있을 것이다.

필자의 경우 특별한 상황을 제외하고는 모두 한 번 이상 해외출장을 통해 상대 바이어를 점검한 후 거래한다. 그러면 이런 중재조항이 필요 없다. 바이어에 대한 정보가 정확하고 믿을 수 있다면, 단지 계약서만 복잡하게 만들 필요가 없다고 생각한다.

설령 중재조항을 넣는다고 해도, 그 조항 덕분에 계약은 안전하다는 생각은 위험하다는 것이 필자의 생각이다. 이런 조항은 항상 차선책에 그친다는 것을 염두에 두어야 한다.

중재조항을 계약서에 삽입할 때와 삽입하지 않아야 할 때는 여러 경우가 있을 수 있다.

우선 수출자로서 중재조항을 계약서에 넣고 싶다면 수입자의 동의를 먼저 구하는 것이 좋다. 이때 첫 거래라면 중재조항을 넣자는 제안이 상대방에게 의구심을 불러일으킬 수도 있다는 점을 새겨두어야 한다. 그러므로 상황을 잘 판단해 결정해야 한다.

둘째, 수출자 입장에서 일부러 중재조항을 넣을 필요가 없다. 제품에 문제가 발생하거나 기타 클레임 사유가 생길 수 있는데 굳이 불리한 중재조항을 넣을 필요가 없는 것이다. 무역 관련 서적이나 강의실에서는 중재조항의 필요성을 강조하지만, 중소기업에서 수출하는 상품이 대형 금액이 아니라면 넣지 않는 것이 유리할 수 있다. 그러나 바이어가 중재조항을 요구하면 당연히 넣어야 한다.

셋째, 국제기준의 국제물품매매계약 약관을 보면, 만약 수출자와 수입자가 중재조항이 없이 계약을 체결했는데, 문제가 발생할 경우 중재는 계약당사자의 국가에서 행하게 되어 있다. 다시 말해 수출계약이나 수입계약을 할 때 중재조항이 자동으로 성립되므로 걱정할 필요가 없다.

넷째, 바이어가 계약 수량을 보내오면, 수출자는 견적송장(PROFORMA INVOICE) 또는 판매계약서(SALES CONTRACT)를 작성해 바이어에게 보내고 서명을 받으면 자동으로 중재문제는 해결되는 것이다.

다섯째, 중재를 과신하면 안 된다. 전 세계에서 행해지는 중재의 현실을 보면 일부 선진국들을 제외하고 부당한 판결이 많이 난다. 자국의 기업을 보호하려는 배심원들이 많고, 또 전문적인 배심원이 부족한 나라에서는 합리적인 결과를 기대하기가 불가능하기 때문이다. 결국 중재까지 가기 전에 해결하는 것이 최선의 방책이다.

예고 없이 찾아오는 무역분쟁 예방법은

국제무역에서 모든 상황이 교과서대로 전개되면 좋지만, 무역분쟁은 예고 없이 찾아오는 법이다. 특히 중소기업에서 바이어로부터 받는 클레임의 대부분은 제품 불량이다. 아무리 열심이 제품을 생산하고 철저히 관리를 해도 불량이 발생하는 것을 막기는 쉽지 않다. 두 번째로 많은 클레임은 납기지연일 것이다. 코로나19와 같은 특수한 상황에서는 원부자재 수급이 어려워 이런 일들이 비일비재하다. 오히려 납기를 잘 맞추는 것이 이상할 정도다.

결국 매우 힘든 일이긴 하지만 품질 수준을 유지하고 납기를 잘 지켜 클레임 소지를 없애는 것이 가장 좋은 길이다.

생각조차 하기 싫지만, 고의로 여러 핑계를 만들어 클레임을 제기하고 대금지급을 미루는 바이어도 생각보다 많이 존재한다.

이런 악덕 바이어는 코로나19 시기에 더욱 증가한다. 수출자 입장에서 일일이 그들과 중재재판을 통해 대금을 회수한다는 것은 무척 어려운 일이다.

만약 한국에서 중재재판을 한다고 하면 그런 수고를 덜 수 있지만 타국에서 변호사를 선임하여 진행해야 한다면 시간과 비용 낭비가 매우 클 수밖에 없다. '10만 달러 이하 거래'에서 이런 일이 발생하면 중재를 할 가치가 있는지 의문이 들 것이다. 그러한 상황에 직면하면 차라리 바이어와 직접 협상해 처리하는 것이 유리하다. 어떤 바이어라도 직접 만나 문제를 풀려고 노력하면 해결점을 찾을 수 있기 때문이다.

결론적으로 중재조항에 얽매이기보다는 의심이 가는 바이어나 수출대금 회수가 어렵다고 생각되는 지역으로의 거래는 수출보험을 부보하여 위험을 줄이는 것이 최상의 방법이다. 중재조항을 계약서에 넣어 무역에서 위험을 헤지(Hedge)하는 것은 차선이다. 믿지 못할 바이어라면 거래도 하지 않는 것이 나을 수 있다.

04

위험에서 회사를 지켜주는 수출보험

수출에서 가장 큰 위험은 대금을 못 받을 경우와 바이어로부터 클레임을 당할 경우가 아닐까 한다. 또 수출품이 천재지변 같은 불가항력에 노출되거나 예기치 못한 사고를 당할 수도 있다. 이 때 수출보험(EXPORT INSURANCE)을 잘 활용하면 이런 위험을 회피하는 데 매우 큰 도움이 된다. 가히 '안거위사(安居危思)'라고 할 수 있을 것이다. 편안할 때에 어려움이 닥칠 것을 미리 대비한다는 의미인데, 보험이라는 것은 미래의 예측 불가능성을 어느 정도 보완하는 것이므로 딱 맞는 사자성어다.

보험을 부보하여 수출을 하는 것과 그러지 않는 것은 매우 큰 차이가 날수 있다. 자동차 보험의 예가 그럴 것이다. 사고가 발생하지 않으면 그 혜택이 없지만, 예기치 못한 사고가 발생하면 큰 위기에서 벗어날 수 있기 때문

2018년 라오스 비엔티안의 메콩강변에서 필자(왼쪽부터 3번째)가 바이어와 저녁식사를 즐기고 있다.

이다. 수출보험도 동일한 것이다.

　필자는 30여 년 동안 수출을 하고 있는데, 필연적으로 미수금이 발생한다. 미수금은 국가와 지역을 가리지 않는다. 세상에 안전한 거래처는 없다는 말은 진리다.

수출보험에서 꼭 알아둬야 할 면책조항

　수출보험에서 가장 중요한 것은 면책조항에 대한 것이다. 면책조항을 이해하지 못하면 수출보험에 가입하더라도 혜택을 받지 못할 수 있다. 보험을 부보했다고 모든 것이 보험으로 처리되는 것은 아니다. 수출보험을 만능해결사로 이해하는 수출업체들이 있는데, 이런 오해가 보험을 부보하고도 혜택을 못 받는 사태를 유발한다.

　수출보험에서 보상하지 않는 손실조항의 제목을 'EXCLUSIONS'라고 하고 있으나, 담보위험제외사유(EXCLUSIONS)와 책임면제사유(EXCEPTIONS)를 구분하지 않고 이들 양자를 포괄하는 의미로 사용한다.

한국무역보험공사(K-SURE)가 분석한 면책 사례는 다음과 같은 경우이다.

첫째, 단기수출보험 면책 사례에서 면책사유 유형을 많은 순서대로 살펴보면 ▷고의 과실에 기인한 면책 ▷연속 수출 금지조항에 기인한 면책 ▷보험관계 불성립에 기인한 면책 ▷각종 의미사항 위반에 대한 면책과 변제충당 등이다.

둘째, 고의 과실의 세부 유형에는 ▷수입자가 제기한 클레임을 일부 인정하는 등 수출채권을 감소시킨 경우 ▷수출채권 유동화 종목을 동시에 이용하는 경우로서 선적서류를 위조 및 변조하거나 이면계약을 통해 수입자에게 책임을 물을 수 없는 경우 ▷수출계약조건을 위반하거나 법령을 위반한 경우 ▷수출대금을 이중 수취하여 손실액이 없는 경우 ▷해킹과정의 손실 등이다.

셋째, 연속 수출 금지조항에 기인한 것으로, 일반적으로 미수금이 30일 이상 지속되는 경우에는 수출을 중지해야 하는데 그렇지 아니한 경우이다.

넷째, 보험관계 불성립(보험금액 한도 초과, 보험기간을 벗어난 기간에 선적 등). 다섯째, 보험계약자의 의무위반 등이다.

특히 ▷클레임 존재 사실이나 만기도래 미결제 사실을 알리지 않아 고지의무를 위반한 경우 ▷사고 발생통지를 위반한 경우 등이다.

지면 사정상 면책조항들은 모두 열거하기가 쉽지 않으나, 독자들은 세부적인 부분들에 대해서도 알아두어야 한다. 수출을 이행했는데 거래 규모가 큰 바이어로부터 미수금이 발생하면 어렵게 키워온 회사를 자칫 송두리째 나락에 떨어뜨릴 수 있기 때문이다.

수출보험에 가입할 때 반드시 주의해야 하는 사항들이 있다. 귀찮지만 엄격히 지키지 않으면 보험청약이 아무런 의미가 없기 때문이다. 자동차 교통사고에서 운전자가 음주운전이나 중앙선 침범으로 과실을 범한다면, 보험사는 아무런 책임을 지지 않는 것과 동일하다고 보면 된다. 그러므로 계약부터 수출이행까지 주의해야 할 사항들을 철저히 숙지하는 것이 매우 중요하다.

수출계약에서 이행까지 주의해야 할 것들

먼저, 수출보험 청약 단계에서 주의해야 할 사항들로, 해당 바이어가 과거 미결제나 클레임 등이 있었는지 사전 확인이 필요하다. 또한 거래하고자 하는 실제 수입자가 보험증권상의 수입자와 일치하는지에 대한 점검도 중요하다. 중남미나 아프리카에서는 계약서와 신용장에서 수입자가 다른 경우가 종종 발생한다. 이런 경우 신용장을 변경하기 어려우면 계약서를 갱신하는 것이 바람직하다. 추가적으로 수입자의 신용이 낮아 제3자의 지급보증 조건으로 청약한 경우에는 지급보증이 현지 법률상 진정성 및 유효성에 문제가 없는지 사전 검토가 필요하다.

다음으로 수출계약 체결 및 선적 단계에서의 주의 사항이 있는데, 수출계약서상에 있는 계약조건(선적기일 및 품질조건)의 이행은 수출자의 가장 중요한 의무사항임을 알아야 한다. 또한 해커로부터의 해킹 피해방지를 위해서는 계약서 작성 시에 결제계좌와 관련하여 지정계좌 이외에는 무효라는 것을 조항에 넣는 것도 좋다. 독점계약을 별도로 체결할 경우에는 이를 절대적으로 이행하는 것도 중요하다. 연속 수출 금지조항에 의한 면책 방지를 위하여서는 철저한 결제기일 관리가 필요하며, 만기로부터 30일 이상 지연되는 상황에서는 선적을 중지하고 전반적으로 바이어 상황을 잘 살펴볼 필요가 있다. 선적기일을 정할 때에는 선적기일이 부보 기간 내에 있는지 살펴보아야 한다.

세 번째로 보험사고 발생 및 그 이후 단계에서의 유의사항이다. 수입자가 클레임을 제기할 경우, 즉각적이고 적극적인 대응이 필요하다. 실재하는 클레임인지 거짓 클레임인지 상세히 파악해야 한다. 가능한 현지에 출장을가서 확인하는 것이 가장 빠르고 좋은 방법이지만, 그렇게 하지 못할 때에는 불량 견본을 역으로 받아 불량 유무를 확인한 후 수입자와 적절히 해결해야 한다. 보험에서는 무대응을 '문제를 인정한다'는 것으로 정의하므로, 반드시 적절한 대응이 필요하다. 보험사에 사고통지 의무를 이행하지 않으면 증가된 손실에 대하여 보상을 받지 못할 수 있다. 그러므로 즉각적인 통지가 필요하다.

필자는 창업 이후 22년간 매년 무역보험에 가입해왔다. 22년 전 회사를 설립하고 처음 수출에 나설 때 '봄 날씨에 살짝 언 얇은 얼음을 건너는 기분(약섭춘빙, 若涉春氷)'이었음을 기억한다.

보험 부보 후 과감하게 해외시장 개척

실제로 수출보험은 필자의 회사를 각종 위험으로부터 보호해 주었고, 이 안전판을 발판으로 삼아 과감하게 마케팅을 진행할수 있었다. 필자가 경험한 수출보험의 다양한 장점은 다음과 같다.

첫째, 공격적으로 수출하는 데 매우 유용하다. 미수금으로부터 일정 부분 안전판을 세워 놓았기 때문에 바이어와 과감하게 거래할 수 있다.

둘째, 바이어에 대하여 잘 파악이 되지 않은 상황에서 거래할 때에는 누구나 상대방을 의심하게 되고 주저하게 된다. 이 때 수출보험에 부보한다면 걱정할 필요가 없다.

셋째, 장기신용거래(LONG TERM CREDIT)에 적극적으로 임할 수 있다. 중소기업 입장에서 3개월에서 5개월 이상 장기신용거래요청을 받으면 대개는 이를 회피한다. 자금 측면에서도 문제이지만, 바이어가 대금을 지불하지 않을 경우의 위험이 크기 때문이다. 그러나 수출보험에 가입했다면 적극적으로 거래에 임할 수 있을 것이다. 장기신용거래는 대체로 이윤 면에서 좋을 뿐 아니라, 바이어의 이탈을 막는 데에도 매우 유용한 수단이다.

넷째, 위험국가들과 거래가 가능해진다. 보험청약이 불가능한 일부 국가를 제외하고는 모두 거래가 가능하므로, 다양한 국가로 수출이 가능하다. 최근 청약인수 불가 국가들을 보면 이란, 가봉, 예멘, 시리아, 팔레스타인, 베네수엘라, 부탄, 소말리아, 아프가니스탄, 푸에르토리코 등이 있으며, 러시아-우크라이나 전쟁과 관련하여 벨라루스도 인수불가지역에 추가되었다. 거래가 불가능하지는 않지만 보험청약이 불가능하다는 점을 알아야 한다. 이런 지역에서는 대금수취에 대한 명확한 방안을 세울 필요가 있다.

도전적으로 삶(시장)을 개척하되 안정적인 방호막을 만들어 활용하는 것은 인생사나 수출이나 큰 차이가 없다.

〈한국무역신문〉에 글을 연재하기 시작한 때가 2022년 3월 첫째 주였는데 벌써 11월이 되었다. 독자들은 올해 비즈니스에서 만족한 결과를 얻었는지 궁금하다. 수출에 종사하건, 그렇지 않건 모든 분들에게 장기간의 팬데믹으로 인한 어려움에 대해 위로를 드린다.

특히 수출에 전념하는 모든 기업에 분투가 있었으리라 생각이 든다. 환율이 높아 수출에는 좋지만, 역으로 원자재 등 수입 구매 면의 어려움으로 사업을 하기가 점차 힘든 상황이다.

모두가 지혜를 모으고 에너지를 발현해 앞으로 나아가는 길 이외에는 답이 없을 듯하다. 부족한 필자의 글이 모든 분에 조금이나마 도움이 되었으면 한다. 부족한 연재임에도 묵묵히 오랜 기간 애독한 모든 독자들에 고맙고 또 고맙다.

누구나 그렇지만 인생이란 쉽지 않다. 그러한 연유로 필자가 항상 염두에 두고 행동하는 것은 항상 반대로 가보는 것이다. 남들과 반대로 행한 인생이 더더욱 가치가 있을 것 같았기 때문이다. 안 되면 다른 길로 우회하여 나아가는 것도 좋은 방법일 수 있기도 하다.

필자에게도 쉬운 선택이 없었던 것 같다. 좋은 직장 그만두고 중소기업을 선택했을 때, 편한 부서를 포기하고 어려운 해외영업을 선택했을 때, 보장된 봉급을 받으며 사는 것을 포기하고 창업했을 때, 쉬운 시장을 버리고 아프리카와 중남미시장으로 방향을 잡았을 때. 하지만 돌이켜 보면 그랬던 덕분에 현재의 필자가 존재한다고 생각한다.

장자(莊子)는 "산의 나무는 스스로 잘 자랐기에 베이고, 등잔불은 불이 밝기에 스스로를 태우게 된다. 계수나무는 열매가 먹을 만하기에 가지가 꺾이고, 옻나무는 옻칠에 쓸 만하기에 껍질이 벗겨진다. 사람들은 모두 '쓸모 있음'의 쓸모는 알지만 '쓸모 없음'의 쓰임은 알지 못하는구나!"라고 했다. 마치 잡초라는 개념을 버리면 온 세상이 꽃밭이듯이 말이다. 우리가 하는 무역이 국가의 부흥과 미래가 될 수 있다는 점에 긍지를 가지고 모두 노력했으면 한다.

함정투성이 세상에 끝없이 도전하라

군주론을 쓴 마키아벨리는 세상은 여기저기 함정이 도사리고 있으므로 군주는 여우와 사자와 같음을 겸비해야 한다고 하였다. 사자는 함정에 빠지기 쉽고 여우는 늑대를 물리칠 수 없으므로, 함정을 알아차리기 위해서는 여우가 되어야 하고, 늑대를 물리치기 위해서는 사자가 되어야 한다는 것이다.

기업의 리더도 사자와 여우가 되어야 할 것이다. 움츠린 시장에서는 사자와 같이 굳건한 정신을 가지고 새로운 시장을 개척하며, 경쟁이 치열한 시장에서는 여우와 같은 경영전략도 필요할 것이다. 기업이 살아남는 것은 치열한 노력 이외에는 대안이 없기 때문이다.

'명필은 붓을 가리지 않는다(능서불택필, 能書不擇筆)'는 중국의 고사성어가 있다. 코로나로 인해 세계시장의 여러 가지 문제점이 발생하는 한편으로 어려움에 직면해 있지만, 기업은 코로나19, 외환 리스크, 인플레이션 등 어려움을 헤쳐 나가야 한다.

명필가들은 붓이나 먹을 따지지 않는다고 하듯이, 기업도 주변의 나쁜 환경을 가리지 않아야 할 것이다. 수출은 매우 중요한 이슈가 되며 국가를 살릴 수 있는 가장 큰 자양분이다. 내가 하는 일이 내 가족과 사회를 위한다면 가치 있는 길이 아니겠는가.

아직 가보지 못한 시장을 찾아서

세계지도를 보며 필자가 다닌 곳에 표시를 하니(그래픽 참조) 많은 생각을 하게 만든다. 특히 중미(CENTRAL AMERICA)의 조그마한 나라들이 기억에 남는다. 근간에 영화가 개봉한 '수리남'은 가보지 못하였지만, 과테말라, 니카라과, 도미니카공화국, 엘살바도르, 코스타리카, 파나마와 인근에 위치한 쿠바까지 세세히 다니며 거래처를 찾고 업무를 한 기억이 즐겁다. 많은 사람들이 조그마한 나라들에 관심이 없지만, 역으로 그곳은 독과점 시장을 가질 수 있는 몇 안 되는 시장이기도 했다.

서아프리카 지역도 추억이 많다. 가나, 세네갈, 코트디부아르 등 작은 나라들에 여러 차례 수출하기 위해 많은 에너지를 쏟은 것도 큰 기억이다. 아시아에도 라오스, 캄보디아, 미얀마 등이 기억에 남는다.

아직도 가야 할 시장들이 있다. 성을 쌓는 사람이 되기보다는 성을 넘는 사람이 되고 싶다. 만족이란 있을 수 없는 것이다.

일부 남은 시장에 가려고 한다. 북아프리카, 일부 유럽, 인도, 호주 등이다. 거래는 하고 있지만, 출장을 가보지 못한 곳이라 궁금한 시장이기도 하다.

홍콩으로 처음 수출한 지 29년이 흘렀다. 인터넷으로 인해 세계시장은 매우 변모했으며 전자상거래로 인해 바이어를 만나기가 매우 수월해졌다. 그러나 가능한 한 직접 바이어를 찾고 다닌다면 더더욱 좋은 결과가 있을 것이다.

논어에 '용자불구(勇者不懼)'라는 말이 있다. '용기가 있는 사람은 두려워하지 않는다'는 말이다. 예상되는 불경기 파고를 넘고 시장을 개척하려면 많은 용기가 필요할 것이다. 두려워하면 다 놓칠 것이다. 과감한 도전과 용기만이 험난한 고비를 넘어 좋은 길로 인도되어 질 것이다.

중용(中庸)에 '지성무식(至誠無息)'이라는 말이 있다. 지극한 정성은 쉬지 않는다. 쉬지 않고 묵묵히 자신의 길을 걷는 사람이야말로 최후의 승자로 남을 수 있다는 어구다. 2022년 오늘에 필요한 말인 것 같다. 누구를 탓할 것도 없고 나무랄 것도 없다. 이미 예견된 일처럼 글로벌 사회에서는 끊임없이 다양한 변수가 일어날 것이고 빠른 속도로 세상은 변해갈 것이다.

어떤 기업이든 시대와 경쟁력에 뒤처지면 끝이다. 바로 문을 닫아야 한다. 계속하려면 창조적인 전략과 피나는 노력이 있어야 할 것이다. 의지를 넘어서는 경쟁력은 없다고 한다. 강한 의지를 가지면 어떤 파고도 넘을 것이라고 필자는 생각한다.

성공을 경계하고 끊임없이 돌아보았으면 한다. 리더는 이미 준비된 길을 가는 것보다 새로운 길을 만들며 나아가는 것이 가치가 있다고 생각한다.

모든 분들에 성공과 건강을 빈다.

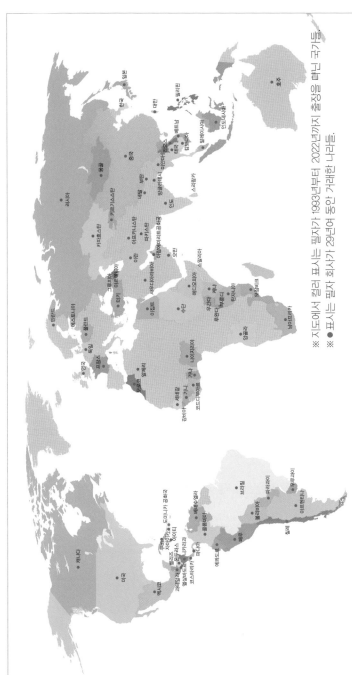

※ 지도에서 컬러 표시는 필자가 1993년부터 2022년까지 출장을 떠난 국가들. 회색으로 표시된 국가들은 필자의 회사와 거래한 나라들은 모두 필자가 방문한 국가들이다.
※ ● 표시는 필자 회사가 29년여 동안 거래한 나라들.

세계지도를 보며 필자가 다닌 곳에 표시를 하니 많은 생각을 하게 만든다. 회색으로 표시된 곳이 필자의 회사와 거래를 한 국가들이다.
빨간 점은 미방문국을 포함해 필자의 회사가 거래를 한 국가들이다.

• 아시아에서 거래하지 못한 나라: 동티모르, 부르나이, 뉴질랜드, 스리랑카, 팔라우, 부탄
• 중앙아시아 거래하지 못한 나라 : 우즈베키스탄, 타지키스탄
• 유럽에서 거래하지 못한 나라 : 우크라이나, 조지아, 벨라루스, 에스토니아, 그리스, 포르투갈
• 아프리카에서 거래하지 못한 나라 : 짐바브웨, 콩고, 나미비아, 보츠와나, 중앙아프리카공화국, 마다가스카르, 차드, 리비아, 말리, 모리타니, 알제리, 가봉 등
• 중남미에서 거래하지 못한 나라 : 쿠바, 수리남, 가이아나, 엘살바도르, 벨리즈